KB206613

朝鮮語文正體

幸田寧達 著

井堂 幸田寧達

眞理는 卑近한 곧에 났다

序

著者는 本書를著作함에났어서 從來의 學者의생각과 두가지 크게달은 點이났다 第一은體系的觀察인이 곧 時空原理에서 出發하야 音의質量問題에到達하고 다시 朝鮮文의 字母의特殊性을말하는데 닐은것이오 그第二는 創造的考究인이 곧 先進(歐米人及其他)과 文獻(訓民正音及其他)과를 盲目的으로 追從하지아니하고 冷靜한吟味와 科學的檢討를 더한結果에 聲音의純然한 物理的現象임을看破하고 다시 古今의聲音學의 非科學的임과 訓民正音의缺陷을 말하는것이다 以上과 같은 體系的觀察과 創造的考究가한데 어울이어서 著者의學的 根據의體系를닐웋었음으로 그內容의 要約을卷末에附錄으로서 붙임을미리말하야둔다。

朝鮮文字는 朝鮮語를적는 文字로서 그本質은 實로 理想的이라고 할만하야 사람으로서는 만들수없다고 까지 생각된다 글으한아 李朝 世宗大王님게서 朝鮮文字를 만드시오아 訓民正音이라는닐음으로써 世間에頒布하신 史實을우리는믿는다 朝鮮文字가 朝鮮語를 理想的으로 적을수났는 性質의文字이로되 正音創製當時로붙어 지금에닐으기까지 한번도 그좋은本質을 날아내지못하게되었음은 뭇은까닭일가 니것을한번 檢討하지 아니할수없다 正音創製當時에 成三問님이 語音을물어보기위하야 遼東에오아났든 明나라 黃纘에게十三回나 往復한事實을 보건대 黃纘의意見이 正音에 큰影響을주었을것임을알겠다 곧 世宗大王님의 天才的 考案에서나아온 正音이黃纘의語音上規範(韻會)의틀에옮이어놓게되었다 글으한대 黃纘의語音上規範이라는것도 黃纘自身의創製가안이라 그淵源이實로 隋나라의 廣韻을비롯한 宋나라의集韻에닜을것인즉 廣韻과 集韻과 韻會와의 規範이몯오 非科學的임을認識할때에 正音이 先天的으로 病들였음을앒수닜다 假令世宗大王님의 天才的考案을 正音兒의親家의優秀한 氣脈이라고닐음을붙인다고함연 支那古代의語音上傳統的規範은 正音兒의外家의 不良한血脈이라고말할수닜는대 正音兒가 親家의優秀한氣脈(字母)이닜은아 그反面에 外家의不良한 血脈을받았음으로 胎中에서 病들게되었은이 곧成三問님의 遼東往還十三回가 그것이오 또땋아 出生까지病的으로되었은이 곧訓民正音이 그것이다 니와같히 不幸하게 胚胎되어出生한正音兒가少年期를넘지못할때에 한팔의屈伸이 不自由하게되었은이 곧訓蒙字會가 그것이다 先天病과後天病과를 兼하야갖은 正音兒는오래동안 볼모양없게되었음으로 世間의寵愛를 받을만한 人物이되기는姑捨하고 거진廢人의狀態에닐을었을때에 니것을痛歎한 名醫가날아 나았은이 곧周時經님이다 글으한아現代의 科學에立脚한醫師이라함연 完治를할수닜었을 터이지마는 글으하지못하얐든모양으로서 한팔의屈伸의 不自由함을治療하고 그氣分을 새롭게한功績만을 남기었은이 곧初聲獨用八字를 初終聲通用으로한것과 한글運動이그것이다 오래동안 한팔을 쓰지못하든 正音兒가 周時經님의功德을닙어서 四肢가正常的으로되고 또多少間 生氣를얻었다할지라도 元體先後天病이重하야 到底히行世할만한 人物이못됨으로 名醫의醫說을들은 이와

또달은뜻깊은 이의不斷한留意와努力으로써 全身을按摩하얏은이 곧朝鮮語綴字法統一案이그것이다「正音兒야 언에 물어보자按摩를받은 뒤의너의氣分이얻드한야」고 물을때에「憂臍滿腹이오」이라는 實答이없다할지라도 뿌리깊은病이 按摩로써完治될理가없음은 容易하게앎닐이다 글으한아니에서 朝鮮文字를救하는手段이窮하야 진것은안이다 그外家의 血脈이不良하다는것은 語音上規範이非科學的으로되었음을 닐음인즉 그優秀한字母를 科學的規範속에 옮기어놓음연 先天病이 根治될것이오 또한글運動의失敗된原因이 實로枝葉에執着되어서 根本을忘却한것과 形式에낱아난 齟齬를整理와 規定이라는形式으로써 발으잡자는 無理에났은즉字母(語音)를科學的으로究明하고 또言語에波及되는 心意의影響을돌아봄연서 現代의語音에適合식히는 合理的表音主義로써 綴字할것같음연 先後天病이몯오 一掃되어서 時代의籠兒가될것임여 同時에前途가洋洋할것이다 著者는너것을朝鮮文의再出發이라고불은다

本書는朝鮮文의再出發을 위하야쓴것인아 혹本意를達하지못한곧이 났을지앎수가없음으로本書를닑으시는녀러분의指示를바래고 삼개어붓을놓는다

庚辰春三月 著者識

字母排列圖

複量音							單量音	種別 / 性別		量音
容音						不容音				
上下容音		下容音		上容音						
／		／	ㅢ	／		／	ㅡ	無性		
ᆅ	ㅒ ᆈ	ㅙ	ㅐ ㅚ	ᆄ	ㅑ ㅛ	ㅘ	ㅏ ㅗ	銳性	有性	
ᆒ	ㅖ ᆔ	ㅞ	ㅔ ㅟ	ᆑ	ㅕ ㅠ	ㅝ	ㅓ ㅜ	寬性		
／	／	／	／	／	／	／	ㅣ	寬容性		

3		2		1		强度 / 高度 / 種別		質音
高	低	高	低	高	低			
ㆅ	ㅎ	／	ㆆ	ㆀ	ㅇ	喉	宮	
／	ㅍ	ㅃ	ㅂ	／	ㅁ	脣	羽	
／	ㅋ	ㄲ	ㄱ	／	ㆁ	牙	角	
／	ㅌ	ㄸ	ㄷ	／	ㄴ	舌	徵	
／	ㅊ	ㅉ	ㅈ	ㅆ	ㅅ	齒舌	商徵	
／	／	ᄙ	ㄹ	／	／	舌變	徵變	

質音解剖圖

<table>
<tr><td colspan="4">鼻響音</td><td colspan="14">口放音</td></tr>
<tr><td colspan="3">孤立音</td><td></td><td colspan="11">同頭音</td><td colspan="3">同尾音</td></tr>
<tr><td>變轉的</td><td>固定的</td><td>終結的</td><td>圓球的</td><td colspan="5">ㄷ種</td><td colspan="2">ㄱ種</td><td colspan="2">ㅂ種</td><td colspan="5">虛種</td></tr>
<tr><td>ㄹ</td><td>ㄴ</td><td>ㅁ</td><td>ㆁ</td><td>ㅊ</td><td>ㅈ</td><td>※ㅅ</td><td>ㅌ</td><td>ㄷ</td><td>ㅋ</td><td>ㄱ</td><td>ㅍ</td><td>※ㅂ</td><td>※ㅎ</td><td>ㆆ</td><td>ㆁ</td><td>※ㆆ</td><td>※ㅇ</td></tr>
<tr><td>21</td><td>19</td><td>17</td><td></td><td>5</td><td>5</td><td>5</td><td>5</td><td>5</td><td>4</td><td>4</td><td>3</td><td>3</td><td>2</td><td></td><td>6</td><td>2</td><td>1</td></tr>
<tr><td>22</td><td>20</td><td>18</td><td></td><td>16</td><td>15</td><td>14</td><td>13</td><td>12</td><td>11</td><td>10</td><td>9</td><td>8</td><td>7</td><td></td><td>1</td><td>1</td><td>1</td></tr>
<tr><td>ᄙ</td><td></td><td></td><td></td><td></td><td>ㅉ</td><td>※ㅆ</td><td></td><td>ㄸ</td><td></td><td>ㄲ</td><td></td><td>ㅃ</td><td></td><td></td><td></td><td></td><td></td></tr>
<tr><td>•21</td><td></td><td></td><td></td><td></td><td>•5</td><td>•5</td><td></td><td>•5</td><td></td><td>•4</td><td></td><td>•3</td><td></td><td></td><td></td><td></td><td></td></tr>
<tr><td>•22</td><td></td><td></td><td></td><td></td><td>•15</td><td>•14</td><td></td><td>•12</td><td></td><td>•10</td><td></td><td>•8</td><td></td><td></td><td></td><td></td><td></td></tr>
</table>

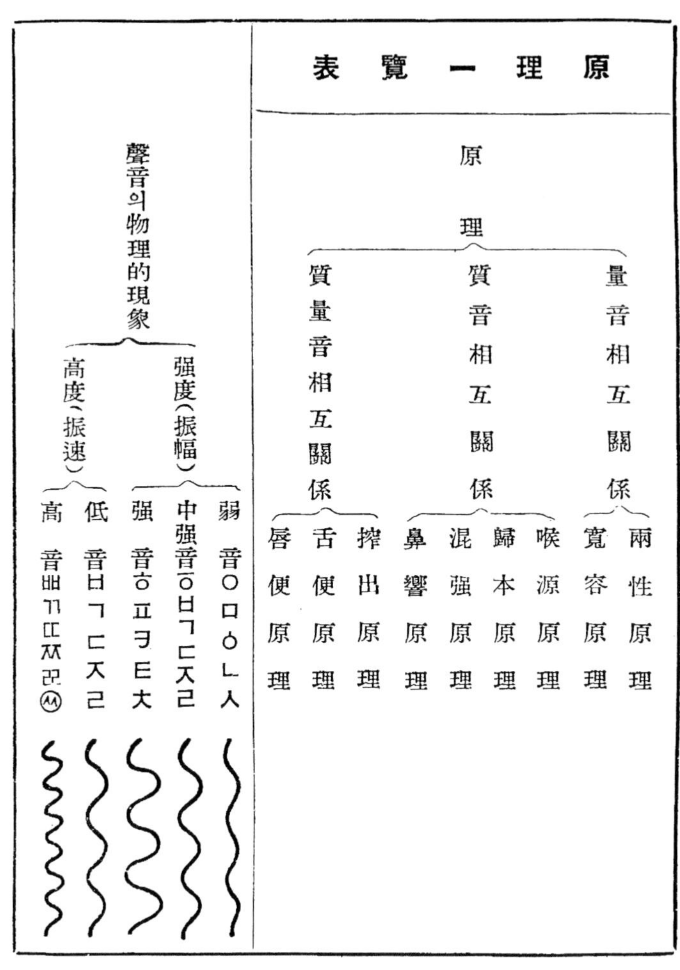

原理一覽表
原理
質量音相互關係
質音相互關係
量音相互關係
唇便原理
舌便原理
搾出原理
鼻響原理
混强原理
歸本原理
喉源原理
寬容原理
兩性原理
聲音의物理的現象
高度(振速)
强度(振幅)
高音ㅃㄲㄸㅉㄹㄹ
低音ㅂㄱㄷㅈㄹ
强音ㅎㅍㅋㅌㅊ
中强音ㆆㅂㄱㄷㅈㄹ
弱音ㅇㅁㆁㄴㅅ

朝鮮語文正體

附錄

朝鮮語文正體

第一章 字 母

第一節 槪 說

宇宙內의 森羅萬象이 몯오 存在物이다、 宇宙가 時空의相互依存의關係로써 支持되는까닭에 宇宙의部分으로서의 몯은存在物이 質量의相互不可分關係로써認識된다、 存在物의質量이 時空과의密接한關係가있음에딸아서、 存在物의하나인 音이 또한 時空과의關聯을갖았음은말할것없건이와、 音의內容이 果物언드한것인가、 한번物理的으로考察할必要가있다。

音이 그發音體의振動으로붙어낱어나아서、 그量은 時間의長短으로써 表現되고、 그質은空間의固有性의發露인振幅과、 時間과空間과의 綜合觀念인振速에依하야 낱아난다、 곧 다시말함 연音의量에는 長短이있고、 그質에는 强弱과高低가있다。

音의內容圖

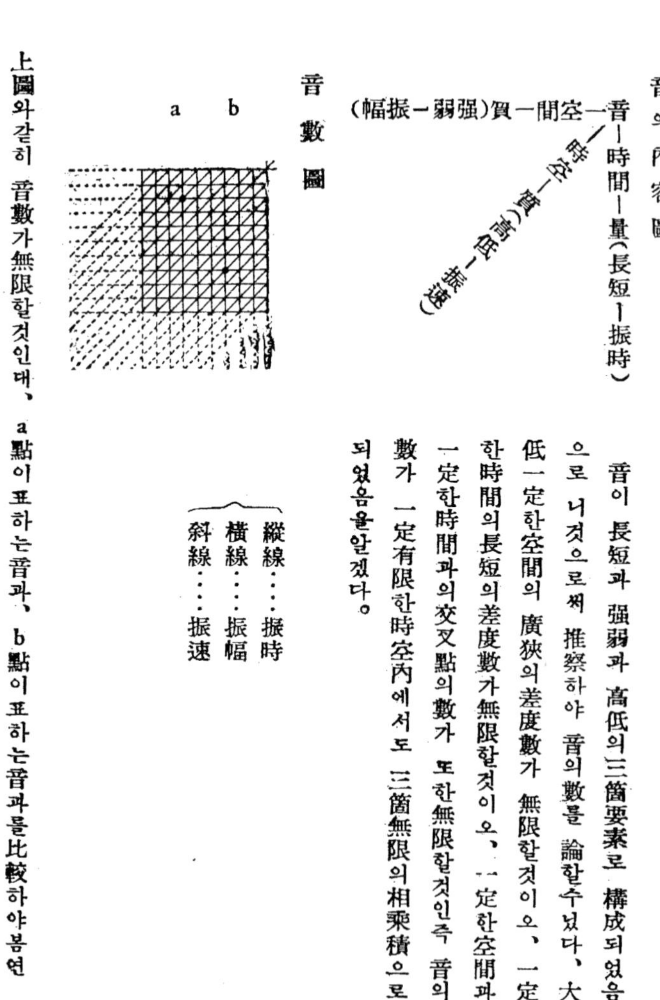

音이 長短과 强弱과 高低의三箇要素로 構成되였음으로 니것으로써 推察하야 音의數를 論할수있다、大低一定한空間의 廣狹의差度數가 無限할것이오、一定한時間의長短의差度數가無限할것이오、一定한空間과一定한時間과의交叉點의數가 또한無限할것인즉 音의數가 一定有限한時空內에서도 三箇無限의相乘積으로되였음을알겠다。

音數圖

縱線……振時
橫線……振幅
斜線……振速

上圖와같히 音數가無限할것인대、a點이표하는音과、b點이표하는音과를比較하야봄연

그個別性을 짐작할수있다。

音	振時	振幅	振速
a	短	廣(强)	速(高)
b	長	狹(弱)	遲(低)

우리語音을돌아보건대、 그數가비록限定되었다할지라도 量的方面과質的方面이分明히있다 글으한아 量이라質이라하는것이 觀念上으로는 分立된다할지라도 量만의實在物과、 質만의實在物이存在할수없음으로 우리는質量偏在物의 實地의經驗을갖지못하얐은즉 語音에있어서도 音量과音質과를 딸오딸오經驗할수는 絕對로없을것이오、 다만質量이兼備한實在의語音을듯고서、 그一面인質과量과를 推察할뿐이다、 우리의語音이 原始音(源音)에서出發하야 質量兩面이 各々發展되어온것인대 源音은音質이最弱하고 音量이最短하다할지라도 質과量과를갖은까닭에 實在音으로서낱아나았든것이다、 源音의質的方面은「ㅇ」와같고 量的方面은「ㅡㅏㅓㅗㅜㅣ」들의中間의소리와같은대、 그量音이極히模糊하야 둥글병한소리이라고밝게말할수없은즉「ㅇ」의결에 또圓圈을둘어서、 곧 二重圓(◎)으로써 源音을표하기로한다、 우리語音의質的方面의出發音은 古今을通하야쓰이나 量的方面의出發音은 原始時代에쓰이었을뿐이오 지금에오아서는 全혀들을수없다、 (源音의量的方面보다 훨신分明한(ㆍ)도 지금에는 쓰이

지아니한다)

우리語音의質的方面을표하는字母를質音이라하고 그量的方面을표하는字母를量音이라할것같음연 質音과量音과가서로합하야 비롯오實在音을표하는文字가 될것임을알겠다。

第二節 量 音

第一項 量音의數와分類와次序

源音의模糊한量的方面이 口腔의形狀에따라아서 分明한基本量音(單量音)으로發展되고、그基本量音의性의原理(兩性原理와寬容原理)로써 다시複量音을낳아내었다、量音의數와分類와次序와의詳細는 下記의量音排列圖로써보인다。

量音排列圖

種別＼性別	無性	有性 銳性	有性 寬性	有性 寬容性
單量音	ㅡ	ㅏ ㅗ	ㅓ ㅜ	ㅣ
不容音		ㅘ	ㅝ	

複量音					
容音					
上容音		下容音		上下容音	
		ㅓ			
ㅑ ㅛ	ᆄ	ㅐ ㅚ	ㅙ	ㅒ ᆈ	ᆅ
ㅕ ㅠ	ᆑ	ㅔ ㅟ	ㅞ	ㅖ ᆔ	ᆒ

量音의長短이發音의緩急에딿아서 伸縮되는것인 아音自體로서의 長短의區別은없지아니하다、源音의量的方面이第一짧으고、그다음에無性量音이짧으고、그다음에銳寬性量音이 多少間길어서 우리의普通語音의길이가되고 그다음에寬容性量音이第一길어서우리말의「말(言)」과「길(長)」들의量音의길이와같다。

量音의標準長短
- 短　音……無性量音
- 中長音……銳性量音과寬性量音
- 長　音……寬容性量音

量音「ㆍ」는原始量音「ㅇ」보다는發展된音인아、그音이「ㅏ」와「ㅡ」와의中間소리로서

模糊함으로現代에오아서淘汰되고말았다「、」의淘汰된原因이그音의未發展곧模糊에있음을證明하기爲하야알에그實例를들겠다。

漢字古音의「、」音을보건대、지금에或「ㅏ」로도變하얐고或「ㅡ」로도變하얐음여

㈠「、」가「ㅏ」로變한것

漢字	師	生	來	四	百	子	在	慈	死	思
古音	ᄉᆞ	ᄉᆡᆼ	ᄅᆡ	ᄉᆞ	ᄇᆡᆨ	ᄌᆞ	ᄶᆡ	ᄶᆞ	ᄉᆞ	ᄉᆞ
今音	사	생	래	사	백	자	째	짜	사	사

㈡「、」가「ㅡ」로變한것

漢字	恩	根	解	戰	戢
古音	ᄒᆞᆫ	ᄀᆞᆫ	ᄌᆞᆸ	ᄌᆞᆸ	ᄌᆞᆸ
今音	은	근	즙	즙	즙

純粹朝鮮語의古音의「、」를보건대 또한「ㅏ」로도變하얐고或「ㅡ」로도變하얐다。

㈠「、」가「ㅏ」로變한것

古音	ᄒᆞ야	ᄃᆞᆯ님	ᄉᆞ이	사ᄅᆞᆷ	오ᄂᆞᆯ	ᄀᆞ티	ᄒᆞᄆᆞᆯ며	장ᄎᆞ
今音	하야	달님	사이	사람	오날	갈히	하물며	장차

(二)「ㆍ」가「ㅡ」로變한것

古音	ᄃᆞᆯ	ᄅᆞᆯ	ᄋᆞᆯ	ᄆᆞᄋᆞᆷ	ᄀᆞᆮᄒᆞᆫ	ᄂᆞᆯ이	다ᄅᆞᆫ	ᄂᆞᆫ
今音	들	를	을	마음	같은	늘이	다른	는

「ㆍ」의淘汰는朝鮮語音의量的方面의發展을證明하는唯一한事實이다。

第二項　量音의名稱

量音은音을표하는字가안이고、音量을표하는字母인까닭에 質音과合하기前에는發音할수없다、넘으로量音만을내지못함으로 不得已넘음을징어서붙을수밖에없는데「ㅇ」에各量音을붙이어서 나는소리로써、各量音의名稱을삼는다。

ㅣ(이)　ㅏ(아)　ㅗ(오)　ㅓ(어)　ㅜ(우)　ㅡ(으)　ㅘ(와)　ㅝ(워)　ㅑ(야)

ㅛ(요)　ㅕ(여)　ㅠ(유)　ㆇ(왜)　ㆊ(웨)　ㅢ(의)　ㅐ(애)　ㅚ(외)　ㅔ(에)

ㅙ(왜)　ㅞ(웨)　ㅒ(얘)　ㆉ(외)　ㅖ(예)　ㅟ(위)　ㆈ(왜)　ㆌ(웨)

第三項　量音의兩性原理

量音의銳性과寬性을兩性이라고말하고、寬容性은寬性에屬한다。

量音의兩性 { 銳性 ㅏ ㅗ
　　　　　　 寬性 ㅓ ㅜ ㅣ

量音의銳寬兩性이 그字形의보이는것과갈히 相反된다、곧銳性을狹하다합연 寬性은廣할것이오、銳性을小하다합연 寬性은大할것이오、銳性을短하다 薄하다 惡하다 輕하다 低하다합연 寬性은長하고 厚하고 善하고 重하고 高할것이다、너와같은量音의兩性은 全體로보아서相互反對이오、또個別的으로보아서「ㅏ」는「ㅓ」의相對音임여「ㅗ」는「ㅜ」의相對音인아「ㅣ」는寬容性으로서의寬性임으로 그相對音이없다。

量音의兩性內容 { 銳性....狹小短薄惡輕低
　　　　　　　　 寬性....廣大長厚善重高

같은뜻의말이라할지라도 銳性量音을쓰고 寬性量音을쓰는데땋아서 그語趣가달을것이다、假令「저사람、어서들어오게」와「조사람、어서들어오게」와를봄연「저」는 寬性的의말이오「조」는銳性的의말임을앎수났다、量音의兩性을 사람에비유하야말함연 銳性은 小人的이오、寬性은 君子的이다、小人이君子맞기를꺼리고、君子가小人맞기를좋아하지아니하는것과갈히 銳性이寬性을싫어하야 銳性을歡迎하고、寬性이銳性을꺼리어서 寬性을歡迎하는儼然한 事實이잇음으로、이것을量音의兩性原理이라고 불은다「ㅗ」와「ㅏ」가合하야「ㅘ」가되고「ㅜ」와「ㅓ」가合하야「ㅝ」가되고「ㅛ」와「ㅑ」가合하야「ㅛㅑ」가되고「ㅠ」와「ㅕ」가合하야「ㅠㅕ」가되는量音發展의一面相을보아도 兩性原理가낱아나고、下記와같은擬做語를 보아도 兩性原理를앎수잇고

銳性	쫑쫑、폭폭、딱딱、탈탈、꼭꼭
	탈각탈각、깜작깜작、타박타박、토닥토닥
寬性	쭝쭝、푹푹、떡떡、털털、꾹꾹
	털거털거、껌석껌적、터벅터벅、투덕투덕

또그밖에轉成語와擬聲語와를보든지 用語와助詞와의連絡關係를볼것같음연、量音의兩性原理가廣範圍로行하야짐을 推察할수잇다。

㈠ 轉成語

名詞	(물엄)	(바람)	(사람)	(구름)
形容詞	감앟	하야	놀앟	넓작하

	副詞	
검엏	잦오	넘우
허옇	몰오	게우
높엏	좇아	붙어
넓적하	비롯오	딿아

(二) 擬聲語

ㅏ	빠 방 빵	파 방 팡	꽈 광 꽝	콰 광 쾅	따 당 땅	타 당 탕	짜 장 짱	차 장 창
ㅗ	뽀 봉 뽕	포 봉 퐁	꼬 공 꽁	코 공 콩	또 동 똥	토 동 통	쪼 종 쫑	초 종 총
ㅓ	뻐 벙 뻥	퍼 벙 펑	꿔 궝 꿩	쿼 궝 퀑	떠 덩 떵	터 덩 텅	쩌 정 쩡	처 정 청
ㅜ	뿌 붕 뿡	푸 붕 풍	꾸 궁 꿍	쿠 궁 쿵	뚜 둥 뚱	투 둥 퉁	쭈 중 쭝	추 중 충
ㅣ	삐 빙 삥	피 빙 핑	끼 깅 낑	키 깅 킹	띠 딩 띵	티 딩 팅	찌 징 찡	치 징 칭

㈢ 用語와助詞와의連絡關係

銳性			寬性		
닮아서	하야서	곧아서	먹어서	밀어서	젖어서
안아서	보아서	높아서	넘어서	되어서	묵어서
돌아서	놓아서	낡아서	늙어서	싫어서	눅어서
솟아서	잦아서	닳아서	늘어서	멀어서	히어서

寬容性量音은寬性의축에들어가기는한아, 그相對音의銳性이없음으로 萬若寬容性量音을包含한寬性의말의相對되는 銳性의말을要할때에는 寬容性量音은 그대로둔다。

寬性	물신물신	북실북실	굽실굽실
銳性	몰신몰신	복실복실	곱실곱실

글으한아下記例와같히 寬容性量音의相對音이없어서아니될때에는「ㅐ」로써寬容性量音의相對性音을삼는다。

寬性	피둥피둥	띠뚱띠뚱	씩은씩은	삐이덕삐이덕
	지적지적	삐걱삐걱	픽은픽은	찍이덕찍이덕
銳性	패둥패둥	때또때뚱	쌕은쌕은	빼이닥빼이닥
	재작재작	빼각빼각	팩은팩은	짹이닥짹이닥

第四項 寬容原理

寬容性量音은달은量音의 웅에서와 알에서와 웅알에서소리를달으게한아、 그性은變動식히지못함여 또웅에서합할때에는 짜아서내는소리(搾出音)가되고、 알에서합할때에는 녈어잣치는소리(開放音)가된다、 너것이寬容原理이다。

寬容原理는縮語에많히날아난아、 그보다도量音의發展한모양에서 寬容原理의一般的現象을볼수났다。

上容音	ㅑ	ㅛ	ㅕ	ㅠ	ᆄ	ᆎ	
下容音	ㅓ	ㅐ	ㅚ	ㅔ	ㅟ	ㅙ	ㅞ
上下容音	ㅒ	ㆉ	ㅖ	ㆌ	ᆅ	ᅲᅨ	

第五項　無性單量音의寬性追從

無性單量音은銳性도안이오 寬性도안임으로 量音的特性이 全然없는音으로서、말하자함연 小人도君子도안인 中類人과같다、中類人이自己로서는 恒常君子를憧憬하고 追從하는체한아 남들은겳고 君子로待遇하지아니하는것과같히 無性單量音이寬性量音을밪아들이는때가있다、할지라도 一般의待遇는依然히無性에굴이는것이다。

(一) 無性單量音의寬性追從

크었다	뜯었다	늦었다	늘었다

(二) 無性單量音의無性待遇

터들터들	꺼끌꺼끌	미끌미끌
타들타들	까끌까끌	매끌매끌

第六項　無性單量音의連絡調節作用

量音的特性이 없는無性單量音은 그웃말의말을連絡調節하는作用이있다。

㈠ 複合語의連合한곧

名詞와名詞와의합한말	끝으머리 짚으랙이
形容詞와名詞와의합한말	끈으밥 군으쇠
形容詞와動詞와의합한말	물으녹
動詞와動詞와의합한말	걷으차 울으나리

「물으、」「울으、」들과같은말은 本來붙어連絡調節을하기위한語尾「으」가붙음으로、새로「으」를붙이지아니하고語尾의「으」가그대로웃말의말을連絡하게되었다。

㈡ 助詞의語頭

主語＼助詞		으라	으로	은	을
動詞	잡	—	—	—	—
	얻	—	—	—	—
形容詞	잦	—	—	—	—
	검	—	—	—	—

名詞	옷	—	—	—	—
	낟	—	—	—	—

上記의助詞「은」「을」은用語밑에쓸때와體語밑에쓸때의區別에딸아서、그뜻이多少間달으다할지라도、그말의發生上으로보아 同一한槪念에서넘어난것이다。

(三) ㄹ終聲의用語의語尾

動詞	날으	잘으	끌으	몰으	걸으	놀으	불으	길으
形容詞	달으	말으	발으	짤으	골으	늘으	물으	풀으

「ㄹ」音이變轉的임으로、그流轉過程上自然히한 音節을늘이게되는바 量音的特性이없음연서 連絡調節作用을하는「으」를맞아들이지아니할수가없다。

羅馬字의子音 (Consonant) 은몸오無性單量音이包含된것으로보인다、子音밑에母音 (Vowel) 이오지아니하고 合音되지아니하는子音이올것같음연 숨어있든無性單量音이發動하야 連絡調節作用을한다。

第三節 質 音

第一項 質音의數와分類와次序

質音이源音의質的方面에서出發하야發展되였다、 源音의質的方面이라는것은 聲帶의振幅이가장좁을때의소리이오、 그소리보다 聲帶의振幅을넓힘연「ㅇ」音이되고、 또그보다더넓힘연「ㆆ」音이되어서强弱의區別이생기였고 喉音의通路의觸聲處에딸아서質音의種別이생기었고또高音은振速을速하게함으로써 닐어나는소리임으로 넘우弱하지도아니하고 넘우强하지도아니한소리에서닐어나았다、 質音의數와分類와次序와의詳細는 下記의質音排列圖로써보인다。

質音排列圖

種別 / 高度 / 强度		宮	羽	角	徵	徵商	變徵
		喉	唇	牙	舌	舌齒	變舌
1	低	○	ㅁ	ㆁ	ㄴ	ㅅ	／
	高	／	／	／	／	ㅆ	／

2		3	
低	高	低	高
ㆆ	/	ㅎ	/
ㅂ	ㅃ	ㅍ	/
ㄱ	ㄲ	ㅋ	/
ㄷ	ㄸ	ㅌ	/
ㅈ	ㅉ	ㅊ	/
ㄹ	ᄙ	/	/

喉音은觸聲處가없어서 聲帶의振速을속히하기어렵음으로 高音이닐어나지아니한다 古書의記寫에「ㆀㆅ」音이 났었은아 그때에도、우리語音에分明한「ㆀㆅ」音이 났었든것이안일뿐안이라 弱音과强音으로써 高音을發하기어렵은 一般音의原則에依하야「ㆀㆅ」의發音이不自然하고 難澁함을免할수없음으로 現代의朝鮮語에「ㆀㆅ」音을찾을수없는것이、그것이 合理的事實이다。

같은質音이라할지라도、喉音의質音과喉音以外의質音은 判然한區別이났다、喉音은觸聲處가없어서喉音으로서의質音에금아는同時에喉音以外의 몯은質音의源泉이됨여 喉音以外의 몯은質音은喉音이 唇牙舌齒들에觸聲이되어서닐아나는質音이다、다시말할연、喉音은質音의音種의하나로볼수났는同時에 喉音以外의 몯은質音의源泉이됨여、喉音以外의 몯은質音은聲帶에서發聲된喉音이 唇牙舌齒들의觸聲處에당이어서 닐아나는質音이다 (發聲과觸聲과가時間的

으로顯著한距離가났는것은안임) 곧喉音以外의몯은質音은 喉音을含有한質音의音種에不過한다。

質音 ─ 喉音…………發聲뿐임
　　 ─ 喉音以外의質音……發聲과觸聲이함께났음

喉音以外의質音이 喉音을土臺로삼고서날아남은 以上에서말하얐건이와 喉音以外의質音이 몯오同强度의喉音을土臺로삼고서날아나는 井然한條理가났다곧「ㅁㆁㄴㅅ」들은「ㅇ」音을含有하고「ㅂㄱ ㄷㅈㄹ」들은「ㆆ」音을含有하고「ㅍㅋㅌ大」들은「ㅎ」音을含有하고났다、니것을**喉源原理**이라고붙은다。

喉源原理

喉源原理						
弱音	→	ㅁ	ㅇ	ㄴ	ㅅ	ㅆ
中强音	→	ㅂ	ㄱ	ㄷ	ㅈ	ㄹ
		ㅃ	ㄲ	ㄸ	ㅉ	ㄹㄹ
强音	→	ㅍ	ㅋ	ㅌ	大	／

京城의街路에서「너마삽시다」이라고외치고돌아단기는사람이有時로「여너마삽시다」이라고말함은 喉源原理의如實한發露이다。

喉音以外의質音은그와同强度의喉音을基礎로삼고넘어나는까닭에 그와同强度의喉音을包含하고넜다가、 그소리를길게끌면 그와同强度의喉音만이남고、 다시그喉音은弱한喉音으로變하야 結局소리가없어지고만다、 니것을質音의歸本原理이라고 말한다。

歸本原理

파하하아	빠하아	바하아	마아	/
카하하아	까하아	가하아	아아	/
타하하아	따하아	다하아	나아	/
차하하아	짜하아	자하아	싸아	사아
/	ᄙᅡ하아	라하아	/	/

끝으로 예사람의質音에對한見解를돌아보기로한다。

廣韻三十六字母（隋陸法言著）

		全清	次清	全濁	不清不濁	全清	全濁
角	牙	見	溪	群	疑		
徵	舌頭	端	透	定	泥		
	舌上	知	徹	澄	孃		
羽	脣重	幫	滂	並	明		
	脣輕	非	敷	奉	微		
商	齒頭	精	清	從		心	邪
	整齒	照	穿	牀		審	禪
宮	喉	影	曉	匣	喩		
半徵	半舌				來		
半商	半齒				日		

質音의强弱과高低와를單純히淸濁의觀念으로써 區別한까닭에, 그表現方法이窮道에들었고 또質音의發展經路를誤解한까닭에 音種의次序가混亂되었다, 너것이非科學的의語音上規範이다。

集韻三十六字母 (宋司馬温公與丁氏著)

	牙	舌頭	舌上	脣重	脣輕	齒頭	整齒	深喉	淺喉	半舌	半齒
全清	見	端	知	幫	非	精	照				
次清	溪	透	徹	滂	敷	清	穿		曉		
全濁	群	定	澄	並	奉	從	牀		匣		
不清不濁	疑	泥	孃	明	微			喩	影	來	日
全清						心	審				
全濁						邪	禪				

司馬温公의 質音에 對한 見解가 廣韻과 크게 달음이 없은아 喉音을 深喉와 淺喉와로 區別하야 强度上의 差異를 種別上의 差異로 둚이어버린 點으로 보아서 廣韻보다 한가지 더 誤謬를 犯하얏다고 말할 수 있다。

韻會三十五字母 (明黃緖著)

	角	徵	宮	次宮	商	次商	羽	半徵商	半徵商
全清	見ㄱ	端ㄷ	幫ㅂ	非ㅸ	精ㅈ	知ㅈ	影ㆆ		
次清	溪ㅋ	透ㅌ	滂ㅍ	敷ㆄ	淸ㅊ	徹ㅊ	曉ㅎ		
全濁	群ㄲ	定ㄸ	並ㅃ	奉ㅹ	從ㅉ	澄ㅉ	匣ㆅ		
不清不濁	疑ㆁ	泥ㄴ	明ㅁ	微ㅱ		孃ㄴ	喩ㅇ	來ㄹ	日ㅿ
次清次音	魚ㆁ				心ㅅ	審ㅅ	么ㆆ		
次濁次音					邪ㅆ	禪ㅆ			

廣韻以來의全清全濁의重複된 不合理를看破한듯한아 依然히强弱과高低와로써 표하지아니한까닭에 次清次音과次濁次音과같은 奇怪한名稱을붙이게된것이오 또쓸데없는魚와 么를더넣은것이다, 끝으한아 喉音에對한集韻의誤謬를 廣韻대로뽑이어세우었음은 한長點이라고할수있다。

洪武三十一字母

	角	徵	羽	羽	商	商	宮	半徵	半商
全淸	見견	端뒨	幫방	非빙	精징	照쟝	影힝		
次淸	溪키	透틍	滂팡		淸칭	穿춴	曉향		
全濁	群꾼	定띵	並뼝	奉뽕	從쭝	牀쫭	匣향		
不淸不濁	疑이	泥니	明밍	微미			喩유	來래	日싈
全淸					心심	審심			
全濁					邪써	禪씬			

音質의强弱과高低와를理解하지못하고、漠然히淸濁의觀念으로써 音質의差度를표하는不合理가廣韻으로붙어洪武正韻에닐으기까지一貫되었다。

訓民正音

ㄱ 音
- ㄱ……如君字初發聲、並書如虯字初發聲
- ㅋ……如快字初發聲
- ㆁ……如業字初發聲

舌音 ㄷ....如斗字初發聲、並書如覃字初發聲
ㅌ....如呑字初發聲
ㄴ....如那字初發聲

脣音 ㅂ....如彆字初發聲、並書如步字初發聲
ㅍ....如漂字初發聲
ㅁ....如彌字初發聲

齒音 ㅈ....如即字初發聲、並書如慈字初發聲
ㅊ....如侵字初發聲
ㅅ....如戌字初發聲、並書如邪字初發聲

喉音 ㆆ....如挹字初發聲
ㅎ....如虛字初發聲、並書如洪字初發聲
ㅇ....如欲字初發聲

半舌音 ㄹ....如閭字初發聲

半齒音 ㅿ....如穰字初發聲

字母의質音의字形이 强弱과高低와를 分明히낱아내고닜은아 不幸히支那傳統의非科學的의語音上規範의를에옮이어놓게되었다、 니것이正音의病的出生이다。

第二項　質音의名稱

質音만으로서는 소리를내지못함으로、그닐음을짛어서붙을수밖에없다、量音의特性이없는無性單量音의웋알에같은質音을붙이어서나는소리로써 그質音의닐음을삼는다。

種別		强度 1 低	1 高	2 低	2 高	3 低	3 高
宮	喉	ㅇ 응	/	ㆆ ᅙᅳᇹ	/	ㅎ 흫	/
羽、	唇	ㅁ 믐	/	ㅂ 븝	ㅃ 쁘ᄈ	ㅍ 픞	/
角	牙	ㆁ ᅌᅳᇰ	/	ㄱ 극	ㄲ 끆	ㅋ 킄	/
徵	舌	ㄴ 는	/	ㄷ 듣	ㄸ 뜨ᄄ	ㅌ 틑	/
徵商	舌齒	ㅅ 슷	ㅆ 씄	ㅈ 즞	ㅉ 쯔ᄍ	ㅊ 츷	/
變徵	變舌	/	/	ㄹ 를	ᄙ ᄙᅳᄙ	/	/

訓民正音에는漢字를通하야 質音의本質을間接으로표하얐을뿐이오、그名稱이없었음여、訓蒙字會에는다음과같은닐음을붙이었다。

初聲終聲通用八字

ㄱ 其役	ㄴ 尼隱	ㄷ 池末	ㄹ 梨乙
ㅁ 眉音	ㅂ 非邑	ㅅ 時衣	ㆁ 異凝

初聲獨用八字

ㅋ 箕	ㅌ 治	ㅍ 皮	ㅈ 之
ㅊ 齒	ㅇ 伊	ㅿ 而	ㅎ 屎

訓蒙字會에도 亦是漢字를빌어서 質音의本質을표하얐은아、 그것이 그대로名稱이되어서 지금까지傳하얐다、 글으한아 그名稱을좋다 고할수없음여더욱히通用獨用의區別을두어서、 正音의한팔의屈伸을不目由하게만듬것이 큰잘못이다。

第三項　質音의解剖

量音은한音節의中間에들어가는것이常態이오 質音은音節의首末에붙는것이常態이다。

字形	갓	살	막	갑	닙	별
音順	ㄱㅏㅅ	ㅅㅏㄹ	ㅁㅏㄱ	ㄱㅏㅁ	ㅌㅣㅂ	ㅂㅕㄹ

量音은그쓰이는곧이質音의中間뿐이오、그소리도恒常한모양인아 質音은初聲과終聲과에쓰이고、또그소리도쓰이는곧을딿아서달으다、곧質音은首頭音과末尾音이다.아서 初聲에붙임면末尾音만이날아나고、終聲에붙이면首頭音만이날아난다、글으한아 弱喉音은質音가운데서가장虛弱하야質音的特質이稀薄함으로量音과같이首頭音과末尾音과의區別이없다。

各質音自體의頭末音의異同

首末音의달은質音	ㆆ ㅎ ㅁ ㅂ ㅃ ㅍ ㆁ ㄱ ㄲ ㅋ ㄴ
	ㄷ ㄸ ㅌ ㅅ ㅆ ㅈ ㅉ ㅊ ㄹ ㄹㄹ
首末音의같은質音	ㅇ

몯은質音의首末音을比較하여봄면、그首頭音이나 末尾音이서로갈게나는事實을發見할수났다。

異頭同尾音	업、헙 업
同頭異尾音	(갓、갖、갗、갘、갈)(갑、갚)(막、말)(좁、좋)

글으한아弱脣音과弱舌音과또變舌低音과는달은質音의首末音과같지아니함으로 下記와같은

表를만들어서 몯은質音의首末音의同異의關係를一覽할수있다。

質音의首末音의相互同異關係

異頭同尾音	ㅇ ㆆ ㆁ ㉦
同頭異尾音	(ㅅ ㅈ ㅊ ㄷ ㅌ)(ㅂ ㅍ)(ㄱ ㅋ)(ㆆ ㅎ)
異頭異尾音	ㅁ ㄴ ㄹ

몯은高音의質音은그實質로보아서 異頭異尾音에屬하는것인아 終聲에붙일때에 首頭音의高低를分別하지못함으로實地의使用에있어서는 同頭異尾音과같게된다。

니제몯은質音의首末音을亞剌比亞數字로써표하야 그同異의關係를밝히어둔다。

(一) 異頭同尾音

ㅇ		1	1
ㆆ		2	1
ㆁ		6	1

(二) 同頭異尾音

ㅇ	ㅎ	ㅂ	ㅍ	ㄱ	ㅋ	ㄷ	ㅌ	ㅅ	ㅈ	ㅊ
2	2	3	3	4	4	5	5	5	5	5
1	7	8	9	10	11	12	13	14	15	16

ㅃ	ㄲ	ㄸ	ㅆ	ㅉ
•3	•4	•5	•5	•5
•8	•10	•12	•14	•15

㈢ 異頭異尾音（孤立音）

ㅁ		17	18
ㄴ		19	20
ㄹ		21	22

ㄻ		·21	·22

末尾音이初聲에서날아나고、異頭同尾音으로서初聲에쓰이는것이 弱喉音뿐임으로、同尾音의混同의境遇가없은아 同頭音은본오首頭音의날아나는終聲에쓰임으로 서로混同되어서 언의것을붙이어야옳을지않수없는困難한境遇가낪을것이다、글으한아 語音自體가우리에게너窮境의脫出方法을보이고낪다。

㈠ 中强唇音의代表作用

	綴字	發音
ㅂ	집안사람	지반사람
ㅍ	앞옷자락	아봇자락

(二) 中强牙音의代表作用

ㄱ	가죽안을 넣는다	가주간을 넣는다
ㅋ	부엌앞으로가았다	부어 캎으로가았다

(三) 中强舌音의代表作用

ㄷ	니곧올이다	니고돌이다
ㅌ	숱없어라	수텂어라
ㅅ	맛없다	마섮다
ㅈ	젖앓다	저잟다
ㅊ	「춫」앞에쓰라	추챂에쓰라

上記의同頭質音의代表作用을보아서 下記와같은同頭質音의名稱을붙일수있다。

ㅂ	種同頭質音	ㅂㅍ
ㄱ	種同頭質音	ㄱㅋ
ㄷ	種同頭質音	ㄷㅌㅅㅈㅊ

同頭喉音은虛弱하야代表作用이없고、 더욱히中强喉音의使用範圍가極히적음으로 同頭喉音의混同의境遇가없다、 글으한아 同頭喉音외首頭音이「ㄷ」種同頭質音의首頭音고髣髴한까닭에「ㄷ」이同頭喉音을代表하게된다。

	綴字	發音
ㆁ	강알이크다	가달·이크다
ㅇ	우ᇰ옷이곱다	우돗·이곱다
ㆆ	「ᄒᆞᇹ」알에쓰라	ᄒᆞ달·에쓰라

質音에同頭音이넚고、 同頭音에代表作用이넚음으로 同頭質音의終聲에서닐어나는難關을合理的으로 脫出하는方法을언게되었다、 例하건대「無하다」를「없다」로 쓰지아니하고「업다」로 쓰는理由가中强唇音의代表作用에넚음과같다。

第四項 虛弱音

㈠ 弱喉音과弱牙音과의關係

前項에서質音을解剖한結果弱喉音과弱牙音과가異頭同尾音임을알았음여

ㅇ		1	1
ㆁ		6	1

또그字形이異頭同尾의關係를如實히낱아내고났음여 또漢字古音의初聲의弱牙音이몯오弱喉音으로變한것도、그原因이實로異頭同尾의關係에났다。

漢字	銀	礙	魚	顏	業	研	園	月	五	圍
古音은	은	애	어	안	업	연	원	월	오	위
今音은	은	애	어	안	업	연	원	월	오	위

「鮒魚」이라고하는말은 古音그대로「부어」이라고말하는것같은아、그實은下音節의初聲이上音節의終聲으로옮아붙을수났는까닭에古音이保存된것이오 萬若그質音이第一音節의初聲에붙었다할것같음연弱喉音으로變하고말았을것이다。

現代의우리말을봄연弱喉音은初聲에만쓰이고 弱牙音은終聲에만쓰이는劃然한區別이났다。

弱喉音의初聲	알	앞	옷	인	엄	없	웃	옳	오	얼
弱牙音의終聲	땅	공	동	뽕	콩	종	장	방	창	병

弱喉音의終聲이없고 弱牙音의初聲이없음으로 初聲의圓圈은弱喉音으로보고 終聲의圓圈은弱牙音으로볼수있다 넓으함으로圓圈上의短線의有無로써、 그字形을區別하는必要좇아없게되었다、 글으한아、 그것은日常使用의文字에서便利하다는것뿐이오 鄭重을要하는文字와印刷物과에는本形대로쓰는것이좋다。

訓民正音과月印千江曲과楞嚴經과같은古書의漢字音에弱喉音을붙인것은 그字形을完備식히는形式上의綴字方法에不過한것같은아、 그實은그終聲이弱喉音인까닭에 顯著하게들어나지아니할뿐이오、 音理로보아서、 終聲의없는소리와는差異가났다。

漢字音	阿	凝	屠	慈	如	護	氣	無	慧	來
古綴字	할	잉	똥	쫑	셩	뽕	킝	뭉	뼝	링

(二) 强喉音의特質

喉音은他種質音에比하야虛弱하다、 그證左的現象으로서 漢字古音의初聲의强喉音의高音을들수났다。

漢字	寒	惑	現	華	行	形	畫	後	合	黃
古音	한	혹	현	화	행	형	홰	흫	합	황

수音 한 흑 현 화 행 형 화 후 합 황

喉音以外에는强音에서 絕對로高音의널어남이없고、中强度에서몬오高音의널어남을볼수났은아喉音에限하야强音에서高音이널어나았다글으한아 喉音이虛弱한까닭에、그高音의發音이自然숱업지못하고、또그低音과의判然한區別도없음으로、녜날에쓰이든 强喉音의高音이지금에없어지였다。

質音의分析에依합연强喉音과中强喉音과의首頭音이갈고、또그末尾音이함꺼虛하야 두質音의區別이分明하지아니할것같은아、强喉音의末尾音은中强度의唇牙舌舌齒音들과合하야 最强의唇牙舌舌齒音들로變하는作用을한다니것이 最强喉音의特質인同時에中强喉音과의判然한區別點이다、著者는니强喉音의特質의作用을混强原理이라고불은다。

混强質音	綴子	發音
(ㅂㅎ) ↓ ㅍ	슳보다	슬프다
	업히다	어피다
(ㄱㅎ) ↓ ㅋ	좋고	조코
	녹히다	노키다

	ㅌ	
(ㄷㅎ)↓	좋다	조타
	묻히다	무타다

(ㅈㅎ)↓	ㅊ	좋지못하다	조치못하다
	ㅌ	맺히다	매티다

强喉音의混强作用은强喉音이中强度의唇牙舌舌齒音의웋에났든지알에났든지를勿論하고 一般的으로닐어난다、 글으한아 强喉音과中强度의舌齒音과의混强作用을봄연、 中强度의舌齒音이ㄷ種質音의하나인까닭에、 中强度의舌齒音이强喉音의웋에서 混强될境遇에는强舌齒音으로變하지아니하고强舌音으로變한다、 弱舌齒音은弱한質音임으로 같은種類의弱한質音과같히混强作用이닐어나지아니한아 그質音이ㄷ種質音의하나인까닭에 混强原理의餘波를받아서 一面的으로混强作用的變發이닐어난다、 곧弱舌齒音이웋에났고、 强喉音이알에났을때에 限하야、 「ㄷ」과「ㅎ」의混强作用과같은變發이닐어난다。

綴字	發音
잘못하지말게	잘모타지말게

못하로갑시다	오타로갑시다
갓하나얻었다	가타나어덨다

混强原理에依한發音을理解하지못함연 綴字의誤謬를犯하기쉽다。

喉音이一般的으로虛弱한까닭에 强喉音이라도 混强作用의以外의境遇에서는 虛音이됨을免할수없어서 終聲으로쓰일때에 無視를받기쉽다 그實例를들면다음과같다。

强喉音의終聲과助詞와의連絡

語種	ㆆ終聲語	頭實			頭虛	
		다	지	고	을	은
正常語	좋	—	—	—	—	—
	낳	—	—	—	—	—
	옳	—	—	—	—	—
縮語	다젊	—	—	—	—	—
	부지럾	—	—	—	—	—
	갈	—	—	—	할	한

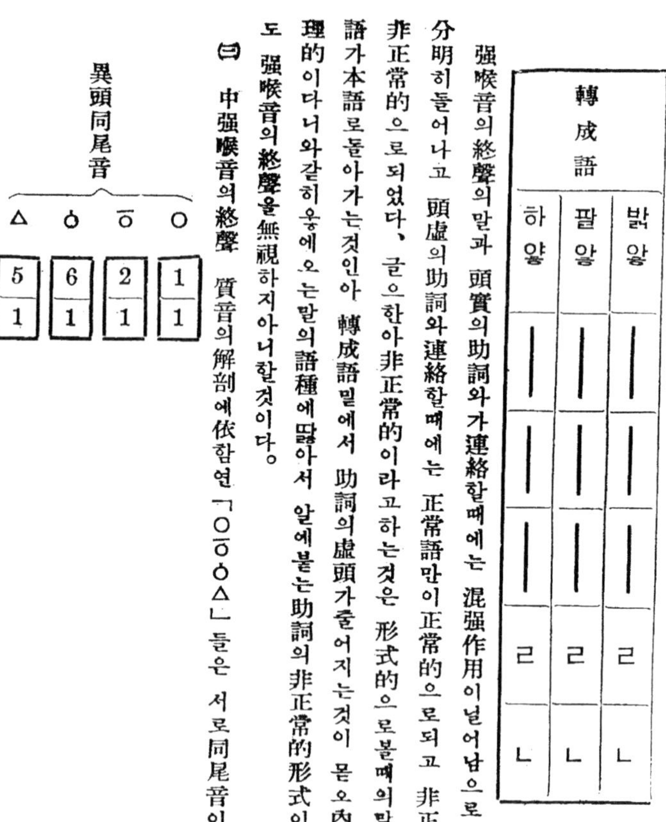

轉成語		
밝앟	팔앟	하얗
|	|	|
|	|	|
|	|	|
ㄹ	ㄹ	ㄹ
ㄴ	ㄴ	ㄴ

強喉音의終聲의말과 頭實의助詞와가連絡할때에는 混强作用이닐어남으로 强喉音의存在가 分明히들어나고 頭虛의助詞와連絡할때에는 正常語만이正常的으로되고 非正常語의境遇에는 非正常的으로되었다、 글으한아非正常的이라고하는것은 形式的으로볼때의말에不過하고、縮語가本語로돌아가는것인아 轉成語밑에서 助詞의虛頭가줄어지는것이 몬오內容에났어서의合理的이다니와같히웅에오는말의語種에따아서 알에붙는助詞의非正常的形式이낱아난다할지라도 强喉音의終聲을無視하지아니할것이다。

㊂ 中强喉音의終聲 質音의解剖에依함연 「ㅇㆆㆁㅿ」 들은 서로同尾音이다。

異頭同尾音			
ㅇ	ㆆ	ㆁ	ㅿ
1/1	2/1	6/1	5/1

上記質音이서로同尾音임으로 末尾音이날아나는 初聲의境遇에는 몯오弱喉音으로變야하、單一化되고말았다、 너제그實例로서의漢字音을들어보기로한다。

(甲) 中强喉音의初聲

漢字	鷹	一	意	安	威	鴦	因	印	惡	飮
古音	흥	히ᇙ	희	한	휘	향	힌	힌	학	흠
今音	응	일	의	안	위	앙	인	인	악	음

(乙) 弱牙音의初聲

漢字	五	月	魚	業	礙	研	銀	顔	圍	園
古音	ᅌᅩ	ᅌᅯᇙ	ᅌᅥ	ᅌᅥᆸ	ᅌᅢ	ᅌᅧᆫ	ᅌᅳᆫ	ᅌᅡᆫ	ᅌᅱ	ᅌᅯᆫ
今音	오	월	어	업	애	연	은	안	위	원

(丙) 輕舌齒音의初聲

漢字	仁	人	日	如	然	忍	肉	二	繞	乳
古音	ᅀᅵᆫ	ᅀᅵᆫ	ᅀᅵᇙ	ᅀᅥ	ᅀᅧᆫ	ᅀᅵᆫ	ᅀᅲᆨ	ᅀᅵ	ᅀᅭᇢ	ᅀᅲ
今音	인	인	일	여	연	인	육	이	요	유

同尾質音의終聲의境遇를봄연 弱喉音은그首頭音까지虛하야 終聲에쓰이지아니하고 弱牙音은그首頭音이鼻響音임으로 特別한終聲이된아 中强喉音과「△」과의首頭音은 서로髣髴하야 古語의「△」終聲이中强喉音으로轉化되었다、 그實例를듬연다음과같다。

意義	古語	現代語
作	지ㅿ	징
續	니ㅿ	닝
優	나ㅿ	낭
癒	나ㅿ	낭
斫	조ㅿ	쫑
邊	가ㅿ	강
劃	그ㅿ	긍

漢字音의入聲이없어지는바람에 變舌低音의終聲의支那音이中强喉音으로變하얐다。

漢字	隋以前音		隋以後音
剌	랄	랄ㅇ	랑
曷	헐	헐ㅇ	헝
揭	결	결ㅇ	경
怛	달	달ㅇ	당
薩	살	살ㅇ	상
刺	찰	찰ㅇ	창
鉢	벌	벌ㅇ	벙
伐	빨	빨ㅇ	빵
折	절	절ㅇ	정
跌	뼐	뼐ㅇ	뼝

朝鮮語의中强喉音의終聲과支那古語의中强喉音의終聲은말이닮은많큼 多少間隔을엔다할지라도 그소리가서로一脈相通하는것이다、 글오한아 現代의支那語에는 中强喉音의終聲을말하지아니하고더욱히分明히낱아나는 弱牙音과弱舌音과의終聲까지도 附聲母音으로도이어버린다。

第五項 鼻響音

音聲은口腔을通하야口外로나아오는것이常態인아 弱한牙脣舌音과變舌低音은特別한소리로서口外로나아오지아니하고、돌오들어가서鼻腔을울이게됨으로 鼻響音이라고불은다。

鼻響音은喉音以外의同頭質音의밑에서 그웅에났는質音을鼻響音으로變發식힌다。 다시말함연、ㄱ種質音이鼻響音을맞남연 弱牙音으로變發되고、ㅂ種質音이鼻響音을맞남연弱脣音으로變發되고、ㄷ種質音이鼻響音을맞남연弱舌音으로變發된다니갈히 一定한規律에依하야音이變發될뿐안이라 變發된다할지라도 脣音은脣音으로變發되고、牙音은牙音으로變發되고 舌音은舌音으로變發되어서一毫不差의井然한條理를 우리에게보이어준나、나는니것을鼻響原理이라고불은다、 그實例를들연다음과같다。

	ㅇ	ㅁ	ㄴ	ㄹ'
ㄱ種質音 ㄱ	|	떡먹다	복날	극락
ㄱ種質音 ㄲ	|	꾺밑에	꾺넘에	|
ㄱ種質音 ㅋ	|	부엌밑에	부엌넘에	|
	ㅇ			

ㅂ種質音			ㄷ種質音							
ㅂ	ㅃ	ㅍ	ㄷ	ㄸ	ㅌ	ㅅ	ㅆ	ㅈ	ㅉ	ㅊ
|	|	|	|	|	|	|	|	|	|	|
밥먹다	쁩밑에	앞마을	끋막다	뜯밑에	밭밑에	갓밑에	씄밑에	낮말	쯪밑에	츷밑에
밥넘다	쁩넘에	앞날	끋날다	뜯넘에	밭넘에	갓넘에	씄넘에	낮날	쯪넘에	츷넘에
합리적	|	앒ㅗ인	|	|	|	|	|	|	|	|
ㅁ			ㄴ							

直線으로表示한곧은 그實例가없다는것뿐이오 鼻響原理의變動을뜻한것이안임여 變舌低音의實例가그高音으로된것은 變舌低音의變轉的特質에依한것이다 (本項末變舌低音의變轉的特

質參照)

鼻響原理는鼻響音의共通的事實인아 니밖에또各各特質이났음으로 다음에 個別的으로말합아고한다。

㈠ 弱牙音의特質

弱牙音을發할때에는 脣舌齒牙의特形을낱아내지아니하고、口腔全體가가장圓球形으로된다니에基因하야 弱牙音은圓球形物體의말에쓰인다、곧弱牙音은圓球를표하는特質이났다、그實例를들연다음과같다。

擬形語	둥굴	둥실	뚱뚱	뻥뻥	퉁퉁	또똥	빵빵
名詞	땅	공	콩	등	방울	집웅	멍

下記의擬聲語와外來語인漢字語와는 弱牙音의特質과何等의關聯이없다。

擬聲語	따당땅	타당탕	빠방빵	파방팡	짜장짱
	차장창	파광팡	콰광쾅	퍼벙펑	처정청
	방(房)	성(姓)	창(窓)	종(鍾)	병(甁)
	총(銃)	롱(籠)	강(江)	등(燈)	형(兄)

漢字語		
증(証)	봉(封)	왕왕
층(層)	상(傷)	냉냉
향(響)	장(壯)	총총
릉(陵)	청(請)	종종
병(病)	향(向)	생생

㈡ 弱唇音의特質

弱唇音은그字形이보이는바와같히、口唇의四面을密閉함으로써 發音하게되는까닭에달은몯은發音의最後終結을징게된다、곧緘口無言이될것이다、니에基因하야 用語밑에弱唇音을붙이어서法的으로轉成名詞를만드는 一般的規律이났다、곧終虛의用語밑에는「ㅁ」을붙이고、終實의用語밑에는「음」을붙이어서法的轉成名詞를만든다。

法的轉成名詞		
用語		接尾語
動詞	終虛	ㅁ
	終實	음
形容詞	終虛	ㅁ
	終實	음

動詞의變한轉成名詞는動名詞이라고불으고、形容詞의變한轉成名詞는 形名詞이라고、불으는대、그實例를들연다음과같다

法的轉成名詞의實例

動名詞	봄(見)	침(打)	팜(掘)	줌(授)
	먹음(食)	잡음(捕)	걷음(捲)	맡음(司)
形名詞	큼(大)	심(酸)	풀음(綠)	달음(異)
	높음(高)	낮음(低)	많음(多)	굳음(固)

몯은用語가 一律的으로體語로變할수있는니 事實이朝鮮語法의 한長點을말하는것이다。

上記와같은法的轉成名詞의쓰이는곧은 文章의終結될때와、말의進行過程에넘어서의用語의體語化의必要가있을境遇이다、그實例를들연다음과같다。

文章의終結	말의進行過程
날씨가참	그것은봄에좋지못하다
닐을많이함	물의깊음을알지못하얐다

글을잘오닑음	저것이소임이분명하다
저것이소임	그것이칼임을몰랐다
그것이칼임	많고석음은말하지말자

(註) 上記實例中의 「소이、칼이、」는 名詞밑에 「이」를붙이어서、 그名詞의뜻하는事實을肯定하는形容詞로變한말이다、 너에對한詳細한말은 第三章第二節에 났음

從來에 「므로、 으므로、 며、 으며、 면、 으면、 매、 으매」들을助詞인줄로알고 쓰어오는것같은아、 너것은弱唇音의特質에依한法的轉成名詞를充分히理解하지 못함에 基因한所致인同時에 用語가容易하게 一律的으로體語化하는 朝鮮語法의長點의하나를 蹂躪한結果가된다、 元來初實의助詞가붙을때에는、 그用語의終虛와 終實과를關係하지아니하는實例가많히났다。

用語＼助詞	動詞 終虛	動詞 終實	形容詞 終虛	形容詞 終實
	보	먹	크	많
고	보고	먹고	크고	많고
다	보다	먹다	크다	많다
지	보지	먹지	크지	많지
든	보든	먹든	크든	많든

글으한대「므로、으므로、며、으며」類의말과用語 와의關係를봄연、終虛의用語밑에「므로、며」들을붙이고 終實의 用語밑에는「으므로、으며、」들을붙이게되어서、上記例語의形式과一致하지아니한다。

用語 ＼ 助詞			므로、으므로	며、으며	면、으면	매、으매
動詞	終虛	보	보므로	보며	보면	보매
	終實	먹	먹으므로	먹으며	먹으면	먹으매
形容詞	終虛	크	크므로	크며	크면	크매
	終實	많	많으므로	많으며	많으면	많으매

上記實例는몯오、弱唇音「ㅁ」의特質에依한法的轉成名詞를 充分히理解하지못한까닭으로語尾와助詞와를한데混同하야버리는同時에、그助詞의形式이 結局、常態를넘어서萬人의疑訝를齎來하게되었다、 그말들이몯오 用語밑에助詞가붙은것이안이라、用語밑에「ㅁ、음」을接尾하야 轉成名詞로만들고、다시、 그밑에「으로、여、연、애」들의助詞를붙인것이다。

名詞 ＼ 助詞	으로	여	연	애
봄	봄으로	봄여	봄연	봄애

먹음	먹음으로	먹음 여	먹음 연	먹음 애
큰	큼으로	큰 여	큼 연	큼 애
많음	많음으로	많음 여	많음 연	많음 애

(三) 弱舌音의特質

弱舌音을發할때에는 舌端을口蓋에密着하야, 가장重要한觸音處인舌端을固定식히게됨으로 弱舌音은變動이없음을뜻하는特質이있다, 글으한대過去와 現在進行의事實이未來의事實에比하야變動이없는것임으로, 弱舌音「ㄴ」으로써 그事實의旣定的固定的임을표한다, 그實例를 듦연다음과같다。

用語 / 助詞	動詞 終虛	動詞 終實	形容詞 終虛	形容詞 終實
	보	먹	크	많
過去	ㄴ	은	ㄴ	은
現在進行	는	는	는	는

弱舌音은固定을표하는特質이있고、 動詞는動作을표하는말이오 또音은그끝을重視함으로動詞의最終音節의最後終聲에弱舌音이絕對로붙지아니하는까닭을알겠다、 글으한이 名詞가그대로動詞로轉化한말에는 弱舌音의終聲을볼수있다。 그實例를들면다음과같다。

정자가신을신는다
저닭이알을안는다

(四) 變舌低音의特質

變舌低音은그字形이보이는바와같이 舌의屈曲振動으로써發音하게됨으로、 그音質이變質的임여、 動的임여、 非正態的임여、 非固定的임여、 非確信的이다、 니같은變舌低音의特質을 著者는變轉的이라고말한다、 變舌低音의特質이말에날아난것은다음과같다。

未來의事實이 過去와現在의事實에比하야 非確定的임으로、 未來를뜻하는 助詞에變舌低音이쓰인다。

助詞 ＼ 用語	動詞		形容詞	
	終實	終虛	終實	終虛
	먹	보	밝	크
未來	을	ㄹ	을	ㄹ

變舌低音은變轉的의特質이닛고、動詞는動作을表하는말이오、또 語音은그끝을重視함으로 動詞의終聲에變舌低音이比較的많히붙이었다。

	ㅡ	ㅏ	ㅗ	ㅓ	ㅜ	ㅣ
ㅇ	／	알	올으	얼 얼으	울 울으	／
ㅎ	흘으	／	／	헐	／	／
ㅁ	／	말	몰 몰으	멀	물、咬、問 물으	밀
ㅂ	／	발으	／	벌	불、吹、漲 불으	빌
ㅃ	／	빨	／	／	／	／
ㅍ	／	팔	／	／	풀	／
ㄱ	글	갈、耕、磨 갈으	골으	걸、掛、步 걸으	굴으	길 길으

ㅈ	ㅆ	ㅅ	ㄸ	ㅌ	ㄷ	ㄴ	ㅋ	ㄲ
/	| 쓰	/	/	| 틀	| 들、擧、聽	| 늘	/	| 끌
| 잘으	/	살、活、燒 살으	/	/	| 달、懸、走	| 날、飛、設經	/	| 깔
졸 졸으	/	/	/	/	돌 돌으	| 놀	/	| 꼴
| 절	| 썰	/	| 떨	| 털	| 덜	| 널	/	/
| 줄	/	/	/	/	| 둘으	| 눌으	/	| 꿀
/	| 씰	/	/	/	/	닐 닐으、到、謂	/	/

ㅉ	/	짤으	/	쩔으	/	찔으
ㅊ	/	/	/	/	/	/

弱舌音의終聲의動詞가없는反面에變舌低音의動詞는相當히많다、數가많음으로 異義同音語가날아나았고、 異義同音語가났음으로 異音傾向이닐어나았다。(第二章、第四節、第三項參照)

上記의表를봄연 强牙音과强舌齒音과의初聲의動詞의終聲에變舌低音을붙인것이없음을發見할수났다、 强牙音과强舌齒音과는 가장强한質音임으로 動作을표하는 動詞와變質的의特質을갖은變舌低音과에合流되지아니하는까닭이다。

變舌低音의變轉的의特質에依하야 그發音이多少難澁함으로 純粹朝鮮語의單語의 第一音節에變舌低音을찾을수없고、 漢字語의第一音節의初聲의變舌低音은 몯오 그高音으로變轉하았다그實例는다음과같다。

甲 類

루차 (累次)	래일 (來日)	릉묘 (陵墓)
로인 (老人)	루각 (樓閣)	락원 (樂園)

乙 類

력사(歷史)	료량(料量)	리씨(李氏)
량심(良心)	류리(流離)	례절(禮節)

甲類와乙類가함게 變舌低音의發音의難澁을避하기위한變轉的의特質의發動이라하겠은아、우리가L音과N音과를混同하는程度로「ㄹ」을「ㄴ」으로 誤發하게됨으로、搾出原理에依하야 乙類와같히그소리가再變하게된다、(本章第五節第一項參照)

以上과같은字頭音以外의境遇에도、變舌低音이그高音으로變轉할때가잇다。

甲 類

오ᇐ아가다	구ᇐ어가다	가ᇐ아오다	누ᇐ어보다

乙 類

다ᇐ히	더ᇐ히	너ᇐ히

丙 類

극락(極樂)	옥루(玉樓)	왕래(往來)	상례(喪禮)

丙類와같은漢字語의變舌低音의變轉의理由는 웅의音節의終實에因한發音의難澁에 있음으로、萬若웅의音節이終虛할것같음연高音으로變하지아니한다。

구릉(丘陵)	고루(高樓)	하류(下流)	사례(謝禮)
모리(謀利)	도리(桃李)	재료(材料)	수력(水力)
거래(去來)	부로(父老)	개량(改良)	쾌락(快樂)

變舌低音의特質은同一音節內에서만 發動하는것이안이라、달은音節에까지그힘이波及한다그實例를들면다음과같다。

닐을어(到)	눌을어(黃)	풀을어(綠)

上記例와같은말은異義同音語의異音傾向(第二章第四節第三項參照)과 上下音綜의同虛實傾向(第二章第三節第四項參照)의境遇에變舌低音의特質이發動한것이다。

甲 類

노오	노나	노는	싸전	두셋	부삽

乙 類

밂사람	밄사람	밀어라

丙 類

놀고 놀지 놀다

甲類의말은全然變舌低音을내지아니함으로、떼어버린것이오、乙類의말은 分明히소리가나지아니한아 숨어서힘쓰는것인이、숨은대로두어야하고、丙類의말은或變舌低音을떼어버리고말하는이가넚은아原形대로쓰는것이옳다。

變舌低音의變轉的의特質이말에 낱아난것을綜合한연다음과같다。

- 變舌低音의特質의發動
  - 積極的
    - 高音化變轉
      - 字頭‥로 인
      - 連鎖‥올아오다
    - 別立變轉‥‥‥‥‥닐을어
  - 消極的
    - 完全變轉‥‥‥‥‥노오、노나、부삽
    - 不完全變轉‥‥‥‥‥밀사람、놀고、

弱舌音과變舌音과는함께 舌系質音임여 또같은鼻響音인아 弱舌音은固定的의特質이넚고、變舌低音은變轉的의 特質이넚어서、서로正反對되는質音이다、너무質音이極端에달아나아서自然히發音의難澁한境遇가넚음을免할수없은아 變舌低音은變轉的임여流轉的임으로、그音의流暢味가적지아니하다、글으함으로 弱舌音의難澁한境遇에變舌低音을代用한다。

甲 類 (ㄴ↓ㄹ)

대로(大怒)	허락(許諾)	회령(會寧)
기렴(記念)	기릉(技能)	도란(盜難)

乙 類 (ㄴㄴ↓ㄹㄹ)

알령(安寧)	괄렴(觀念)	말련(萬年)
골란(困難)	볼릉(本能)	갈란(艱難)

丙 類 (ㄴㄹ↓ㄹㄹ)

철륜(天倫)	괄레(冠禮)	달란(團欒)
달련(鍛鍊)	물리(文理)	실라(新羅)

上記例와같은말은弱舌音과變舌低音과의音理에因한 自然的合理的變發임으로막을수없는것이다 英語의 inrégular 의 irregular 로變한것도 또한這間의音理를말하는證左이다。

「의논」한다는말은「議論」의音에서생긴말인아지금에오아서 純粹朝鮮語의形態를덮어쓰고말았다、글으한아 漢字語的으로말할때에는 依然히本音그대로내어서「의론」이라고말한다。

第六項 特殊音

(一) 中强脣音의特質

觸音處중에서、가장外界에들어난것이닙술임으로脣音은聽覺과視覺과를同時에觸發하야 우리의强한感覺과緊하고 叮嚀하고愼重한 意思와를표할때에 脣音이몯오 쓰일것같다、 굳으한아 弱脣音은鼻響音임으로分明하지아니하고 또自慢味가넚어서 쓰이지아니함여、 强脣音은中强脣音에게代表됨으로 結局中强脣音만이强한感覺과緊하고 叮嚀하고愼重한意思와를 표할때에 쓰이게되였다。

强한感覺을표할때의中强脣音의 쓰이는말은 下記의實例와같다。

씹다	덥다	맵씹	춥다
짭다	찹다	곱다	굽다

緊한意思를표할때의中强脣音의 쓰이는말은 下記實例와같다。

돕다	깁다	잡다	좁다	업다	씹다

「尊敬」이「叮嚀」과「愼重」에서닐어남으로、中强脣音이「尊敬」을표하는말로 쓰인다。

받으십시오	가십시다	좋습니다	큽니다

「ㅂ」은脣音의代表音이오「ㅜ」는量音가온데서닙술을 가장많히利用하는音임으로, 音을順하게하기위하야「ㅂ」을「ㅜ」로變發하는境遇가잇다, 實例를봄연다음과갈다。

덥(暑)	더 운	더움연	더워서
곱(麗)	고 운	고움연	고와서
짭(鹹)	짜 운	짜움연	짜와서

(註)「덥」의古語가「더ᇦ」임으로「ㅸ」의「ㅜ」化로볼수도잇다。

「고와서, 짜와서」를봄연「ㅂ」이「ㅗ」로直接變한것갈히보인아, 그實 처음에「ㅜ」로變하고본이兩性原理에맞지아니함으로써「ㅗ」로再變된것이다。

다음과갈은實例를봄연「ㅂ」이「ㅜ」로變하지아니한다。

잡(捕)	잡 은	잡음연	잡아서
굽(曲)	굽 은	굽음연	굽어서
꼽(揷)	꼽 은	꼽음연	꼽아서

「ㅂ」의「T」化는 一部의發音에限한事實이오 또「ㅂ」의「T」化의境遇이라할지라도、本音대로도充分히發音할수있음으로綴字는本形에依할것이다。

덥(暑)	덥은	덥음연	덥어서
곱(麗)	곱은	곱음연	곱아서
짭(鹹)	짭은	짭음연	짭아서

京忠語에는下記와같은「ㅂ」의「T」化의事實이있다。

一般語	우벙	호박	고방	굴밤	따뱅이
京忠語	우웡	호왁	고왕	굴왐	또왈이

京忠語音이緩弱低朗하야 和順流暢함이 全體的長點이다、글으한아 古語의低弱한質音이保存되어서 言語發達過程에한걸음뒤떨어진것과「ㅂ」의「T」化가甚한것들을部分的缺點이라고말할수있다。

(二) 弱舌齒音의特質

弱舌齒音은齒頭로솔솔나아오아서 귀를살살간질이는姦邪한소리로서、남에게好感을줄수있고 또尊敬한다는것은尊敬을받는사람에게好感을주는것이 그根本의精神이될것임으로 尊敬을표하는말에弱舌齒音이 쓰인다。

방에 들어 오시다	산에 올아 가시다

㈢ 弱舌齒高音의特質

「ㅆ」은舌齒音의基本音인「ㅅ」의高音임으로몯은 質音中에가장分明하고確實하야過去를뜻하는語尾로쓰인다。

小過去	中過去	大過去
몰(集)았다	몰았었다	몰았었었다
파(掘)았다	파았었다	파았었었다
하(爲)얐다	하얐었다	하얐었었다
빌(禱)었다	빌었었다	빌었었었다
지(負)었다	지었었다	지었었었다

「었」의數爻는限定된것이안이오 얼마든지붙이는데많아서 過去의程度가깊어갈것인아 말이아모리發達된다할지라도세개의「ㅆ」으로不便하기까지에닐으지아니할것같다。

現在의事實이라도 特別히確實無疑하다는뜻을表할때에는 亦是弱舌齒音의高音을 쓴다。

니것이물이ㅆ다	그것이꿈이ㅆ다	저것이구름이ㅆ다

또未來의닐이라도確定的決意의말에는 弱舌齒音의高音을넣는다。

믿겠다	맡겠다	보겠다	하겠다

存在를뜻하는動詞「낤」의終聲도確實하다는뜻이包含된것이다。

第七項 高 音

二十二箇의質音가운데서高音의質音은「ㅃㄲㄸㅆㅉ ㅀ」들뿐인대 初終聲을勿論하고쓴다。

(一) 初聲高音

뽕	토끼	깨끗하	땅	쌀	짝	ᄙᅩ인

(二) 終聲高音

ㅃ	묶	뜯	낤	쯨	옳아가다

下記例의말은그소리가高音과같게난아 綴字는高音으로하지아니한다。

甲 類

피법	비줄
내가	개물
코등	코털
배살	배차낤

乙 類

습불	갋가
먹실	갋지
앞강	먹다
돍담	먹지

甲類의말은알웅音節의初聲의首頭音이上音節의終聲과같게소리가나아서 終實의音節과頭實의音節이서로맞오닿은셈이되어서 高音과같게發音이된아、그實은高音이안이다、下記의말은알웅音節의初聲의首頭音이上音節의終聲으로나지아니함으로 高音이닐어나지아니한다。

대밭
파적
괴눈
코밑
초장

乙類의말은終實의말과頭實의말이맞오닿았음으로알웅말의 初聲이高音과같게늞인다。

第八項 終 聲

質音의總數는二十二이오終聲有効質音數는二十一이오 純理論上의終聲總數는四百二十八이

오 現代의우리語音上의終聲總數는三十九이다。

ㅇ	／	ㅋ	부엌	ㄹ	물	ㄴㅎ	많
ㆆ	지ᇹ	ㄴ	안	ㄹㄹ	가ᇐ아서	ㄴㅈ	앉
ㅎ	좋	ㄷ	굳	ㅁㅎ	오감ᇂ다	ㄴㅌ	가으ᇉ
ㅁ	감	ㄸ	뜨ㄸ	ㅁㄱ	구ᇚ	ㄷㄱ	바ᇊ
ㅂ	밥	ㅌ	같	ㅂㅎ	돕ᇂ입ᇂ지	ㄹㅎ	옳
ㅃ	쁘ㅃ	ㅅ	옷	ㅂㅁ	괴롭ᆷ	ㄹㅁ	젊
ㅍ	깊	ㅆ	났	ㅂㅅ	값	ㄹㅂ	밟
ㆁ	땅	ㅈ	늦	ㅇㅎ	다정ᇂ다	ㄹㅍ	읊
ㄱ	목	ㅉ	쪼ㅉ	ㄱㅎ	적막ᇂ다	ㄹㄱ	밝
ㄲ	묶	ㅊ	좇	ㄱㅅ	넋	ㄹㄴ	가ᇍ(磨한)

第四節　質音과量音

第一項　搾出音

搾出音 ─ 量音……………… ㅣㅑㅛㅕㅠ
　　　 └ 質音 ─ 舌音……ㄴ………鼻響音
　　　　　　　　　　　 ㄷㄸㅌ……┐
　　　　　 └ 舌齒音……ㅅㅆㅈㅉㅊ ┘ ㄷ種質音

搾出音은짜아서내는소리임으로、그發音이比較的難澁함으로 搾出質音과搾出量音과가맞나서된純粹朝鮮語의正常語는그數가至極히적다。글으한아 寬容性量音은搾出量音의本源임연서도單音인까닭에發音의難澁의程度가輕하야 搾出質音과寬容性量音과가맞나서된純粹朝鮮語의正常語가그數의大部分을占하얐다。

	ㄴ	ㄷ
ㅣ	니、닙	／
ㅑ	냩、냛	／
ㅛ	／	／
ㅕ	녓、녑、녋、녈	／
ㅠ	／	／

ㄸ	ㅌ	ㅅ	ㅆ	ㅈ	ㅉ	ㅊ
／	／	시、신 싥、싫	씨、씩 쌓、	지、징 짉、짏	찌、찟	치、
／	／	／	／	／	／	／
／	／	／	／	／	／	／
／	／	／	／	／	／	／
／	／	／	／	／	／	／

一般音에넣어서搾出質音과 搾出量音과가맞날때에 發音의難澁에困하야 그音이變하야진다 搾出音의變發은一定한規律에依함으로너것을搾出原理라고불은다、搾出質音과搾出量音이맞날때에質音이舌齒音임연、 그複量音이그에該當한單量音으로變發되고、그質音이舌音임연「ㄷㅌ」은그와同强度의舌齒音으로 各各變發된뒤에複量音이單量音으로變하고 「ㄴ」은鼻響音인많금그에類似한弱喉音으로變發되어서、 量音을變하지아니한다。

(一) 撐出音의第一原理

	ㅣ	ㅑ	ㅛ	ㅕ	ㅠ
ㅅ	시	샤(사)	쇼(소)	셔(서)	슈(수)
ㅆ	씨	쌰(싸)	쑈(쏘)	쎠(써)	쓔(쑤)
ㅈ	지	쟈(자)	죠(조)	져(저)	쥬(주)
ㅉ	찌	쨔(짜)	쬬(쪼)	쪄(쩌)	쮸(쭈)
ㅊ	치	챠(차)	쵸(초)	쳐(처)	츄(추)

(二) 撐出音의第二原理

	ㅣ	ㅑ	ㅛ	ㅠ	ㅠ
ㄴ	니(이)	냐(야)	뇨(요)	녀(여)	뉴(유)
ㄷ	디(지)	댜(자)	됴(조)	뎌(저)	듀(주)
ㄸ	띠(찌)	땨(짜)	뚀(쪼)	뗘(쩌)	뜌(쭈)
ㅌ	티(치)	탸(차)	툐(초)	텨(처)	튜(추)

搾出音은本音대로내지못하는것이안인아、 그發音이 自然슬업지못함으로、日常語에搾出原理가絕對한勢力을갖고잇다外來語로서 搾出音에關한말이잇다함연、 搾出原理의洗禮를받은뒤에行世하게될것이다。

搾出原理는發音上의原理이오、 字母의本性質上의原理가안임으로 本形대로綴字한다할지라도發音은自然히原理에依하야變하야진다。

綴字	끝이	닢	괞쟎다	묻혔다	맞한가지
發音	끄치	잎	괜찬타	무첫다	마찬가지

助詞以外의品詞의第一音節은弱喉音과搾出量音과의맞남으로써 成立되지아니한다、 그發音이弱喉音과搾出量音과가맞나서된소리와같게들이는것은몰오搾出原理에依한것이다。

綴字	니	닐	닢	냩	냛	뇨	녓	녙	녈	녋
發音	이	일	잎	얕	얇	요	엿	옅	열	엷

漢字語音은搾出原理에依한發音을딿아서 쓰는것이便利하다。

수석(水石)	정중(鄭重)	추수(秋水)	장안(長安)
중심(中心)	조선(朝鮮)	처자(妻子)	초부(樵夫)
차륜(車輪)	지구(地球)	제자(弟子)	천지(天地)
여자(女子)	영변(寧邊)	요도(尿道)	열심(熱心)

第二項 舌便原理

舌齒音은質音가운데에서舌端을가장앒으로나아오게하는소리이오、無性單量音은 量音가운데에서、舌端을가장뒿으로보내는소리임으로 舌齒音과無性單量音이맞날때에、가장앒에났든舌端이猝地에가장뒿으로들어가게됨으로、自然히發音하기어렵어서 量音가운데에서、舌端을가장앒으로내어미는寬容性量音으로變發하게되는것이다、 이같은發音上의音理를舌便原理이라고불은다。

綴字	發音
갖음연	갖임연
벗음연	벗임연

綴字	發音
낛음연	낛임연
빛음연	빛임연

앉음연	앉임연
낮음연	낮임연
궂음연	궂임연

잦음연	잦임연
좇음연	좇임연
앗음연	앗임연

上記例의말은綴字대로發音하야도크게어렵지아니할것인아 舌便原理에依한發音이며便利하다는것뿐인즉、漢字語音에있어서、舌便原理가徹底하게 낱아나지아니함을알겠고、또漢字語의本音을돌아보지아니하고發音에依하야 綴字하는것이便利하다고생각한다。

(一) 舌便原理를좇은말

편집(編輯)	금실(琴瑟)	질책(叱責)	법칙(法則)

(二) 舌便原理를좇지아니한말

습관(習慣)	승리(勝利)	슬하(膝下)	증조(曾祖)

第三項 脣便原理

脣音은닙술로내는소리이오、無性單聲音은舌端을안으로들어보내는소리임으로 서로合流하기어렵어서唇音과無性單量音과의맞나아된말은 量音을「ㅜ」로變發하는事實이넜다、너와같은發音上의音理를唇便原理이라고불은다。

綴字	發音
남음연	남움연
업음연	업움연
갚음연	갚움연

漢字語는發音대로쓰는것이便利하다。

묵화(墨畫)	품질(品質)	북극(北極)	붕우(朋友)

古語가唇便原理에依하야 現代語로變한것이넜는대다음의例와같다。

古語	現代語
믈(水)	물
블(付)	불
쁠(角)	뿔
플(草)	풀

第四項 强喉音과探出量音

强喉音과搾出量音과가맞나서된語音은 虛함연서도强한소리를짜아서내는까닭에、그소리가高雅하다、너소리는發音하기가多少間어렵은까닭에사람에따아서變發하는닐이넜다。

綴字	變發 1	變發 2
형(兄)	형	성
혈맥(血脈)	혈맥	설맥
효자(孝子)	호자	소자
흉년(凶年)	흉년	숭년
힘(力)	/	심

第五項 語 源

語源은 發音에障礙가되지아니하는限에서徹底히밝히어쓴다。

낮브다	맞히	끝이머리	좇아	괞쟎다
기럭이	얻지	낱아나다	넓히다	놑앓다

第二章　言語에波及되는心意의影響

第一節　概說

心意가言語를낳고、 言語가文字를낳았다、 다시말함연 心意의時間的表現이言語이오、 言語의空間的表現이文字이다、 心意와言語와文字와는 그發生上으로보아서縱的次序가났다할지라도發生以後붙어는 同一平面上의三角形의關係와같다 그相互關聯은順으로逆으로影響을주기도하고받기도하야 至極히密接微妙한것이다、 글으한대그相互關聯의根源이되는心意의言語에의波及하는힘이第一크고具體的임으로말을論하는데났어서 輕視못할事實일여또말의理解하기어렵은것은 大概心意의影響을究明함으로써알어질것이다。 精神을표하는것이形式이라할지라도形式에날아난것은齟齬가생기기쉽음으로 그齟齬를心意의힘으로써 다시修正한것이 本章에서말하는「言語에波及되는心意의影響」이라는것이다、 우리의말은形式에執着된 眼目으로볼때에는 例外가많은것같은아 그實心意의修正을받은 合理的事實임으로、 말할것같음연、 우리의말은**例外가없는것이特色의하나이다。**

第二節　規律性의影響

第一項　單語의個性

말이마음의規律性의影響을받아서 뭇은單語가個性을갖았은즉、그個性을밝히어綴字하는것이옳다、그實例를들면다음과같다。

(一) 體語와助詞와의連絡

體語／助詞	名詞			
	總虛		總實	
	비	차	값	달
는、은	비는	차는	값은	달은
를、을	비를	차를	값을	달을
에	비에	차에	값에	달에
의	비의	차의	값의	달의
도	비도	차도	값도	달도
가、이	비가	차가	값이	달이

(二) 用語와助詞와의連絡 (其一)

用語 / 助詞	形容詞				動詞			
	終虛		終實		終虛		終實	
	크	풀으	붉	많	보	가	살	먹
고	크고	풀으고	붉고	많고	보고	가고	살고	먹고
든	크든	풀으든	붉든	많든	보든	가든	살든	먹든
지	크지	풀으지	붉지	많지	보지	가지	살지	먹지
다	크다	풀으다	붉다	많다	보다	가다	살다	먹다

(三) 用語와助詞와의連絡 (其二)

用語			助詞 ㄴ、은	助詞 ㄹ、을
形容詞	終虛	크	큰	클
		풀으	풀은	풀을
	終實	붉	붉은	붉을
		많	많은	많을
動詞	終虛	보	본	볼
		가	간	갈
	終實	삽	삽은	삽을
		먹	먹은	먹을

第二項 轉成語의語尾

말이마음의規律性의影響을받아서、轉成될때에 一定한規律이있은즉、그規律을밝히어綴字하는것이옳나、그實例를들면다음과같다。

(一) 轉成形容詞의語尾「으」와「브」

物狀的		心狀的	
으		브	
묽으(淡)	짤으(短)	슳브(悲)	궂브(哀)
풀으(靑)	발으(正)	앓브(痛)	납브(美麗)
눌으(黃)	달으(異)	곯브(飢)	믿브(信)
불으(充滿)	골으(均)	낮브(劣)	깃브(喜快)
빨으(速)	말으(枯)	밭브(忙)	갈브(難堪)

同型語인「슳브、앓브、곯브」들의發音의同軌를낳음은 本章第三節第三項에서論함

(二) 轉成形容詞의語尾「업」과「없」

用語밑에붙임		無形名詞밑에붙임	
업		없	
믿업다	묵업다	실없다	힘없다

웃 업 다	간질업다	멋 없 다	끔 없 다
서늘업다	뭇 업 다	철 없 다	시름없다

「믿(信)웃(笑)」들은品詞를닐옹어서、分明한用語가될수넚은아「간질、서늘、」들은品詞를닐옹지못한말입으로用語로볼수없다、글으한아、그말들이實地에쓰일때에는結局、그밑에「하」를붙이어서、形容詞가되고마는까닭에 用語의素質을갖았다고말할수넚다。

㈢ 五色表現의轉成形容詞의語尾

色種	正常語	轉成語			
		銳性		寬性	
		淡	濃	淡	濃
黑	검	감 앟	새감앟	검 엏	시검엏
紅色	붉	밝 앟	새밝앟	벍 엏	시벍엏
青色	풀 으	팔 앟	새팔앟	펄 엏	시펄엏

黃色	白
눓으	히
놇앓	하얗
새놇앓	보햫
눓얼	허옇
시눓얼	부옇

㈣ 指示名詞의轉變의語尾

性別		寬性			銳性		
正常語		니(此)	저(彼)	그(其)	뇨(此)	조(彼)	고(其)
轉成語	方	닐이	절이	글이	뇰이	졸이	골이
	向	닐로	절로	글로	뇰로	졸로	골로
	若何	닐으하	절으하	글으하	뇰으하	졸으하	골으하

指示名詞이라는말은品詞의하나로서의指示名詞가안이라 名詞의하나로서의單語인「니、저、

그、ㄴ 들의意義의共通點이指示에났음으로、便宜上指示名詞의닐음을붙인것이다。

㈤ 體語와用語와의相互化

例語＼次化		一次化	二次化	三次化
體語	내	내 이	내 임	내임이
	닫	닫 이	닫 임	닫임이
用語	크	큼	큼 이	큼 임
	먹	먹 음	먹음이	먹음임

體用相互化의詳細는第三章第三節에서論함

㈥ 轉成副詞의語尾「히」와「이」

形容詞밑에붙임		重複名詞밑에붙임	
히		이	
분명히	답답히	낱낱이	날날이
작히	넉넉히	집집이	가지가지

깊히	덤덤히	낱낱이	포기포기
높히	빡빡히	끝끝이	철철이
완전히	똑똑히	골골이	마을마을이
없히	원원히	말말이	나날이
넓히	널널히	방방이	사람사람이
많히	삭삭히	장장이	삽삽이

上記例語의「낱낱히」의「낱낱(一一)」은形容詞的素質을갖았음으로 接尾語「히」를붙이어서副詞를만들고「낱낱이」의「낱낱(事事)」은重疊名詞임으로 接尾語「이」를붙이어서副詞를만들었음여「가지가지、 포기포기」들의重疊名詞는、 그말의最終音節의量音이「ㅣ」임으로接尾語「이」를붙이지아니하고、 그대로副詞가된것이다「굳이(固히)」와같은말은 上記의規律에벗어난것같히보인아、 그實相當한理由가났는것인대 本章第四節第三項에서말함

朝鮮語의形容詞밑에「히」를붙이어서副詞를만드는것과 類似한形式이英語에도났다。

形容詞 heavy irregular hasty original

副　詞 heavily irregularly hastily originally

(七) 轉成副詞의語尾「오」와「우」

銳性	오	몯오	맞오	골오	발오	잦오	비롯오
寬性	우	들우	넘우	데우	게우	/	거꿀우

第三項 同種語의同音韻傾向

말이마음의規律性의影響을받아서、正常語에있어서도、下記例語와같은同種語의同音韻事實

同音韻	實例
ㄺ	흙(土) 돍(石)
ᅮᆯ	물(水) 술(酒) 꿀(蜜) 풀(糊)
ㄹ	벌(星) 달(月)

이났건이와、複合語와轉成語의境遇에있어서라든지 連鎖語 (名語와形容詞와動詞와를連鎖語이라고말함) 와助詞와의關係에서 同種語의同音韻傾向이닐어남이있다、 그實例는다음과같다。

	同音韻語	同音韻傾向語
複合語	가죽신	나묵신
	사과	모과
	좁쌀	찹쌀、멥쌀、넘쌀、햅쌀、
轉成語	날웋다	얼을웋다
	절웋다	
	글웋다	
	지개	막애(發音마개)
	비개	
	압으지	업으니
	날을어서	풀을어서
	늘을어서	

連鎖語와助詞와의連絡	
강으로	웅으로、퉁으로
앓아고	갈아고、풀읋아고、먹읋아고
읋아고	

가죽으로만든신을「가죽신」이라고말한다함연 나무로만든신은「나무신」이라고말하여야 옳을것같은대 우리는實地에「나묵신」이라고말한다「가죽신」과「나묵신」이同種語임으로 「가죽신」의「ㄱ」울模倣하야「나묵신」으로말하는것인즉 너와같은것이마음의規律性에依한同種語의同音韻向이다 두名詞를붙이어한개의名詞를만듦연、옿의名詞는알의名詞를制限하는形容詞的地位를얻게됨여 또그두名詞의사이에高音이닐어나는것이普通이다「쌀」은그初聲이本來붙어高音임으로「조쌀」의소리가「좃쌀」과같게된다「조쌀」은 女子의쓰는물건으로서그音이男子의陰莖의皮膚를뜻하는말과같음으로 女子의넙으로서는 日常生活에 참아붙으지못할말이다、그붙오지못하는소리를 방비하는同時에돌이혀、尊敬을뜻할수잆는「ㅂ」울붙이어서「좁쌀」로말하는것이다、너와같히「조쌀」이「좁쌀、」로變하게된것은말할것같음연 우리마음의禮儀性의影響을받은것이다「조쌀」이禮儀性에依히야「좁쌀」로變하는바람에 그同種語인「찰쌀、메쌀、너쌀、해쌀、」들이 同音韻傾向에依하야「좁쌀、멥쌀、넙쌀、햅쌀」들로 말하게된것이다。

「닐응다、설응다、글응다」들은「닐으하다、절으하다、글으하다」들의縮語이오、「언들응다」는「언응다」와같은뜻의말인대。西鮮地方에서많히쓴다「언응다」가「절응다、글응다、닐응다」들과同種語임으로「언을응다」이라고말하는것이 同音韻傾向으로된事實이다、비는것이「비개」이오、지는것이「지개」임으로막는것도「막개」이라고말할것같은아 그實우리는「막애」이라고말한다「막」은그終聲이「ㄱ」임으로밑에「개」를붙이지아니하고「애」를붙인다할지라도 그소리는結局「개」로 나게될뿐안이라、萬若形式에拘束이되어서「개」를붙인다함연「마깨」이라는소리를내게되어서 돌이혀規律이없어지는感이있음으로、우리마음의規律性의影響을받은 同種語의同音韻傾向에따아서、「막애」이라고말하는것이다『막애」와같은말은形式上으로보아서 例外와같다할지라도 內容에있어서規律을嚴守하는것인즉 形式에괄인눈으로서는「막애」의規律的임을보지못할것이다。

「엄、압」과「母、父」와「mamma ,PaPa,」는「앙앙」하는呱呱聲의다음에내는語音임으로가장原始時代의말임을알수있고、또「엄、」을「압」보다먼저말하얐을것도짐작된다、그뒤오랜時代를지나어서 그「엄、압」을基礎로삼고서 父母를말하는 尊敬語가날아나았다「님」은尊敬을뜻하는語尾인아「엄」에直接붙일것같음연「엄님」이되어서 그音이流暢하지못한까닭에音의連絡調節作用을하는「으」를中間에넣어서「엄으님」이라고말하고 또그와같은形式으로「압으씨」이라고말하고본즉同種語인「엄으님」과「압으씨」가 그最後音節의虛實이달으게됨으로「엄으남」의 넘의「ㅁ」을믜어비리였음여 또「압으씨」의「씨」의「ㅆ」은 音이 높아서「ㅈ」으로變한것이다、ㄴ와같히「입으니」와「압으지」이라는말은 自然슬업게合理的으로發達된말임에不拘하고「어머니、아머지」로말하는이가났고、ㄴ에뚫아서「어머니、아버지」로쓰는이가、났은이、그實、우리의胸襟에맞지아니하는말인것이다。

「풀을어서」는「눌을어서」와같은種類의말임으로「풀을어서」이라고말하게된것임여、「널을어서、눌을어서」의由因은便宜上本章第三節第三項에서말하겠다。

「강(邊)」의古音은「징(作)」와같히「△」終聲의말이였은아 現代音에맞지아니함으로「강」으로쓰는것이옳음여、또「우(上) 뒤(後)」는「강(邊)」와同種語임으로「강으로」에模倣하야「웋으로、뒿으로」이라고말하는것이다。

「알(知)과같은「ㄹ」終聲의用語밑에未來를뜻하는助詞「ㄹ」을붙이고、또 그밑에「아고」를붙이어서「앎아고」이라고말한다、ㄴ것으로써 밑웋어봄연「가(行)」의未來의意思를표할때에도、「ㄹ아고」를붙아어서「갈아고」이라고말할것같은아、우리는實地에「갊아고」이라고말한다、ㄴ것이「ㄹ」의變轉的特質을利用한 同種語의同音韻傾向으로된事實이다、서울말의「알야고、갈야고」들의「야」는純粹朝鮮語로서는 畸形的일것이오、또「알양으로、갈양으로」들과같은 漢字音語의變體로보이어서좋지못함으로「앎아고、갊아고」들을正體로잡을것이다。

第三節 調節性의影響

第一項 助詞의同義兩形

말이마음의調節性의影響을받아서、助詞의同義兩形이날아나았다、元來、助詞는連鎖語(名詞、形容詞、動詞)를돕기위하야 發生된것임으로 名詞와形容詞와動詞와의 終音의虛實을調節하기위하야 字形의單一을重視하지아니하고、大概、두가지의字形을갖게되었다、그實例를들면다음과같다。

連鎖語 ＼ 助詞			가、이	를、을	ㄴ、은	ㄹ、을
名詞	終虛	비	비가	비를	／	／
	終實	물	물이	물은	／	／
形容詞	終虛	크	／	／	큰	클
	終實	많	／	／	많은	많을
動詞	終虛	가	／	／	간	갈
	終實	넘	／	／	넘은	넘을

第二項 搾出複量音의充實性

銳性用語밑에「아」를붙이고、寬性用語밑에「어」를붙이어서、副詞形으로만드는 一定한 規律이났다、그實例를들면다음과같다。

銳性	막아	작아	오아	끝아	파아	놓아	보아
寬性	업어	넘어	숨어	굵어	크어	빌어	미어

(註) 上記例語의「크」는寬性追從의原理에依하야「어」를맞게되어서、寬性의축에들었은아 그實「크」는寬性의用語가안이오、無性의用語이다。

上記의規律은用語全般에亘하는것임으로、「하」이라는動詞도그量音이銳性임으로「아」를 붙이어서「하아」이라는 副詞形을만들것같다、글으한아「하(爲)」는終聲이없어서音이虛하고、또그初聲이「ㅎ」임으로、그全音이虛하고、또그밑에頭虛音인「아」를붙임연「하아」이라는말이되어서 그音이더욱虛弱하게됨으로、「아」를搾出量音인「야」로變하야그音의虛함을多少이라도免하게되는것이다、「복동」이라는말은終實의말임으로「아」를붙이어서「복동아」이라고붙으고「순애」이라는말은 終虛의말임으로「야」를붙이어서「순애야」이라고붙으는것도、搾出複量音의充實性의發露이오、「하얗다」이라는말이「놀얗다」와같히「얗다」

를붙이지아너하고 「얗다」를붙이어서 「하얗다」이라고말하는것도 또한搾出複量音의充實性의發露이다。

本項에서已往「하야」에對한말이나아오았은이、 그말에對하야 暫間붙이어말하겠다、 元來「보아、 먹어」들의「아、 어」는 그任務의半分이意義에났고、 半分은上下語音의連絡에났는까닭에、 兩性原理에依하야「아」도쓰고「어」도스는것임으로、「아」의變體인「하야」의「야」의밑에、 다시助詞「야」가올것같음연、「하야야」이라는말이되어서、 그音이兩性原理에는맞는다할지라도 同性音의三次連發이닐어나아서、 調和를 낡게되는까닭에「하여야」로말한다 곧「하야、 하야서、 하야도」들과같은境遇에는「하야」로말하고「하여야」와같히그밑에「야」이라는助詞가붙을때에만「하여」이라고말한다。

하야、	하야서	하야도	하얐다	하여야

第三項 同型語의發音의相違

「슳브、 즗브、 앓브」들은同型語인아「슳브」는그第一終聲「ㄹ」이發音되고「즗브、 앓브」는그것이發音되지아너한다、 著者는、 너事實을無意味한語習上差誤로、 돌이지아너하고、마음의調節性의影響을받은것으로본다、 悲哀의心情은 直覺的이안이오、 思考的임으로、 그表情의말에急迫을要하지아니하야、第一終聲의音까지完全히發하고、飢痛의知覺은 思考的이안이오 直覺的임으로、그表情의말에急迫을要하야 音을完全히發하지아니한다、「ㄹ」은잘變轉하는 音이오「ㅎ」는「ㅂ」과의混强하는힘이넚음으로「ㄹ」만을發하지아니하게되는것이다。

第四項 上下音終의同虛實傾向

말이마음의調節性의影響을받아서 上下音終의同虛實傾向이넘어나았다、그實例를듦연다음 과같다。

上下音節의終虛	재우、채우、킈우
	닐을(到)었다、눌을(黃)었다
上下音節의終實	빅옹、닉훙、덤궁
	집옹

終虛의用語「크」에「었다」를붙이어서「크었다」로말함을보건대「불으(呼)」도 또한終 虛의用語임으로「었다」를붙이어서「불으었다」로말할것같은아、그實「불으었다」로 말하 지아니하고「붏었다」이라고말한다、니와같히되는것은 相當한理由가났다、元來「불으」와 같은말은、「으」가語幹의終聲「ㄹ」의變轉的特質을調節식히는語尾로서「불으」이라는말의

概念構成에參與를하지못하는것임으로、境遇에딿아붙기도하고、떨어지기도한다또、「었다」의「어」를봄연 그任務의半分이音의調節에났음으로、萬若「불으었다」이라고말함연、調節音의「으」와半調節音의「어」가서로맞나게되어、그調節의一部가無意味로 돌아갈것임으로「으」를떼지아니할수없음여「으」를떼고본즉「불으」이라는말이語尾를낧게되어서 多少間不滿의感이없지못하야「ㄹ」의變轉的特質이發動하게된것이다、곧「불으었다」의「으」를떼는同時에「ㄹ」하나를더붙이어서、「불ㄹ었다」이라고말한다、그類例를듦연다음과같다。

굴ㄹ(轉)었다	흘ㄹ(流)었다	발ㄹ(正)았다	골ㄹ(擇)았다

글으한아「닐으(到)」는「닐으(謂)」와同音이오、「눌으(黃)」는「눌으(壓)」와同音임으로異義同音의異音傾向（本章第四節第三項參照）에딿아서「닐ㄹ(謂)었다、눌ㄹ(壓)었다」와달으게하지아니할수없음으로 그本形을돌아보게된것이오、또本形그대로핧아고한즉「으」와「어」와의두虛音이맞나는것도좋지못할연이와、「불으」의終實의上音節과終虛의下音節이우리마음의調節性에맞지아니함으로「ㄹ」의變轉的特質을利用하야「닐을(到)었다、눌을(黃)었다」이라고말하고、본즉上下音終의同虛實이되어서、우리마음의調節性에어글어지지아니한다、「풀으」와「눌으」는同種임으로同種語의同音傾向에딿아서、「풀을었다」이라고말하는것이다、「자(寢)」이라는用語에「이」를붙이어「자이」이라는他動詞가되고、「자이」가變하야「재」이라고、

말한아、 그말이確實하지못함으로量音가읃에서가 장確實한表現을하는「우」를 다시붙이어서「재우」로말하는수가났다、 니때에는「재」도音終이虛하야 上下의音終의虛實이갈게됨으로 우리마음의 調節性에꼭맞는다、 할지라도「빅」이라는말과갈히 音終이實할때에「우」를붙임연 上下音終의虛實이달으게되어서 우리마음의調節性에어글어짐으로「ㅎ」의本質을利用하야「빅옿」이라고말하는것이다、 本來붙어 虛한音終을無理하게채우기위하야、 넘우뚝뚝한質音을갓어올수없음으로 弱함연서도、 混强作用을하는「ㅎ」를붙이어말한다、 서울말은語調가 늘어지는까닭에「빅옿다」의「ㅎ」와「ㄷ」이混强이되지아니하야서、 恰似히「빅우다」와갈게들인다。

「집」과「우」를붙이어서「집우」이라고말하고본이 上下音節의音終의虛實이갈지아니하야 우리마음의調節性에맞지아니함으로「ㅇ」의本質을利用하야、「집옹」이라고말하는것이다、現代式建築의집옹은問題가되지아니하건이와、 초집의집옹特히古代의집옹은 명과공과콩과갈은圓球形은인이라할지라도 圓球形에가깝았을것임으로 圓形을표하는特質이났는「ㅇ」을붙이어서「집옹」으로말하고본이 上下音終의虛實이갈케되어서、 調節性을滿足식힐수났다。

第五項 特殊轉成名詞

終實의用語밑에「음」을붙이어서、 無形名詞로轉成식히는 一般的規律이났다。

「死」를「죽엄」이라고말하고 또記寫하는이가넜은아니것은잘못이다「死」의事實을표하는 無形名詞는一般法則에依하야「죽음」이라고말하고 또쓰어야할것이다「죽음」이라는말은有形名詞인「墓」를표하는「묻엄」과는同類의轉成名詞가안이다。

묻음	걸음	죽음	먹음	울음	막음	얻음
녹음	작음	없음	절음	갈음	많음	높음

有形名詞인「墓」를표하는「묻엄」이라는말을보건대 그語源이「묻」에서나아오았은아、「묻」의밑에無性單量音의包含된「음」을붙임연「埋」를뜻하는 無形名詞「묻음」이되는까닭으로、그것과區別하기위하야、有性量音의包含된「엄」을붙이어서 有形名詞인「墓」를表現하게된것이다「묻암、묻옴、」으로말하지아니함은 兩性原理에違反되는까닭이오「묻움」이라고말함연 音의調和를낧게됨으로「묻엄」이라고말하는것이다。

第四節 便益性의影響

第一項 縮 語

말이마음의便益性의影響을받아서 縮語가날아나았다、그實例를듦연、다음과같다。

(一) 固定縮語

縮語	正常語
점쟎다	젊지아니하다
괞쟎다	관계하지아니하다
귆쟎다	귀하지아니하다
펺쟎다	편하지아니하다
겷고	결하고

(二) 臨時縮語

縮語	正常語
와서	오아서
뵈다	보이다
뭘	무엇을

縮語	正常語
난	나는
엊저녁	어제저녁
들옵쇼	들어오십시오

건너	가서
건느어	가아서

오셔서	다졍다
오시어서	다정하다

上記의例語와같히、縮語에는 固定縮語와臨時縮語의區別이있는대、固定縮語의槪念은、그正常語의그것에多少、加味가되어서、別個의個性을갖는것임으로、使用의制限을 두지아니한아、臨時縮語의槪念은、그正常語의그것에比하야、些少의差違도 없는것임으로、詩歌과小說과같은文藝上必要와 其他의特別한必要에限하야、臨時縮語를쓰고、一般的으로는正常語를쓸것이다。

縮語의綴字는發音의障礙가없는限에서、正常語의本形을될수있는대로 保存하여야한다「괞잖」이라는縮語는「괜찬타」이라고 쓰어도 소리는같을것인아、本形을保存하는點에서「괞찮다」로쓰는것이좋다。

第二項　畸形縮語

「에」는場所를표하는助詞로서 名詞밑에쓰인다、그實例를들면다음과같다。

곧에	방에
얼에	흙에
신에	돍에
집에	끝에
때에	눈에

「에」는언드한名詞밑에든지 몯오붙일수없은아 「곧(處)언(何處)」과같히、 그名詞의뜻이場所를표하게된말의밑에는더욱히많히 쓰이였을것임으로 우리의귀에「고데、 어데」이라는소리가녀어지었다、 글으함으로「데」이라는소리만으로써場所를표하는名詞와助詞와의合한말「곧에」의縮語와같히 쓰이어지었다、 그實例를들면다음과같다。

닐하는데	닐하는곧에
글씨쓰는데	글씨쓰는곧에
밥먹는데	밥먹는곧에
사람많은데	사람많은곧에

「데」의「ㄷ」은「곧」의終聲이오「ㅔ」는「에」의量音임으로「데」는 實로한畸形的縮語이라할수없음여、 또「닐하는곧에」이라고말하기보다「닐하는데」이라고말하는것이 便利할것인즉「데」가元來마음의便益性의影響을받아서 發生하얐음이分明하다。

第三項　異義同音語의異音傾向

우리말이偶合的으로或은類推性의影響을받아서 異義同音語가생기어서말의서로混同되는不便을感하지아니할수없다、 글으함으로便益性의影響에딿아서 異義同音語의異音傾向이닐어나았다、그實例를들면다음과같다。

(一) 用語와助詞或語尾와의連絡 (下記의ㅁ、음은語尾임)

들	擧	들어서	듦	들고	들지	들다
	聽	들어서	들음	듰고	듰지	듰다
물	咬	물어서	묾	물고	물지	물다
	問	물어서	물음	뭈고	뭈지	뭈다
걸	掛	걸어서	걺	걸고	걸지	걸다
	步	걸어서	걸음	걼고	걼지	걼다
불	吹	불어서	붊	불고	불지	불다
	漲	불어서	불음	붔고	붔지	붔다
달	懸	달아서	닮	달고	달지	달다
	走	달아서	달음	닸고	닸지	닸다

닓으	謂	닓으다	닓었다
	到	닓으다	닓을었다
눏으	壓	눏으다	눏었다
	黃	눏으다	눏을었다

(二) 轉成語

긎치	殺害	긎치(動詞)
굳히	固히	굳이(副詞)

「듣聽」에「어서」를붙일때에는「ㄹ」의頭尾音이몯오들어나는境遇임으로 分明한「ㄹ」音을變함은過大한無理가될것임여、또「ㄹ」은 流轉的特質이났음으로、頭虛의助詞를맞남연、그流轉過程이한층더順調롭을것임으로、「ㄹ」을變할수없음여、또「어서」를萬若「아서」로變할것갈음연 量音의兩性原理에違反됨으로結局「듣(聽)어서」의境遇에는異音傾向의힘이成功을얻지못하게된다「듦(擧)」을보건대、容易하게、音을달으게할수가났다、元來「ㄹ」終聲의用語밑에「음」을붙이지아니하고「ㅁ」을붙이는것은 發音의便否에基因한것이안이라「ㄹ」의變轉的特質에依한것임으로、同音을避하여야할必要에直面한以上、「ㄹ」의變轉的特質의作

用이또發動하야 發音이可能한「들(聽)음」이라고말하는것이오。또「들(擧)고、들지、들다」를보건대、소리를달으게내기가容易하지아니함으로「ㄹ」의本質에依하야 大英斷을行한게되었다、곧「ㄹ」은變轉的임여未定的임으로、그變轉的特質에依하야「ㄹ」을떼어버리고、그未定的特質과달으게하기위하야、確實을뜻하는「ㅆ」을붙이어서、「듯(聽)고、듯지、듯다」로말하는것이다「갈(磨)살(燒)」과「갈(耕)살(活)」도同音異義로보인사、그實前者는 音이短하고、後者는音이長하야 本來붙어異義異音語임으로、異音傾向이닐어날必要가없다。

갈	磨	갈아서	갊	갈고	갈지	갈다
	耕	갈아서	갊	갈고	갈지	갈다
살	燒	살아서	삶	살고	살지	살다
	活	살아서	삶	살고	살지	살다

「닐으(謂)」와「닐으(到)」는異義同音語임으로、「었다」와같은頭虛의말을맞날때에異音傾向이닐어난다、「닏(謂)었다」와소리를달으게내기위하야、그本形으로돌아가게되고、또「ㄹ」의本質과 上下音終의同虛實傾向에依하야「닐을었다」로말한다、形容詞「적」에「히」를붙이어서「적히」이라는副詞를만드는例로봄연「굳」에「히」를붙이어서「굳히」이라는 副詞를만들것같은아、우리는「굳이」이라고말한다、「굳히」와「굿치」는소리가갈게남으로異音

傾向에딿아서、「굳히」를「굳이」로말하는것이다。

第五節 單純確實性의影響

複雜은混同을齎來하고單純은確實을招致함으로 單純確實性이라는닐음으로써、本節을論하는바이다。

第一項 古今語音의相違

말이마음의單純確實性의影響을받아서、語音의相違가닐어나았다、첫재 漢字音의變遷을봄연 古支那音보다古朝鮮音이單純하고、確實함여、또古朝鮮音보다 現代朝鮮音이單純하고 確實함을앎수있다。

(一) 質音의變遷

漢字	見	溪	群	端	定	幫	非	並	奉	滂	明	微	清	徹
古支那音	ㄱ	ㅋ	ㄲ	ㄷ	ㄸ	ㅂ	ㅸ	ㅃ	ㅹ	ㅍ	ㅁ	ㅱ	ㅊ	ㅊ
古朝鮮音	ㄱ	ㅋ	ㄲ	ㄷ	ㄸ	ㅂ		ㅃ		ㅍ	ㅁ		ㅊ	
現代朝鮮音	ㄱ			ㄷ		ㅂ					ㅁ		ㅊ	

漢字	古支那音	古朝鮮音	現代朝鮮音
精	ᅎ	ㅈ	ㅈ
知	ᅐ		
從	ᅏ	ㅉ	
澄	ᅑ		
心	ᄼ	ㅅ	ㅅ
審	ᄾ		
邪	ᄽ	ㅆ	
禪	ᄿ		
影	ㆆ	ㆆ	ㅇ
喩	ㅇ	ㅇ	
魚	ㆁ	ㆁ	
日	ㅿ	ㅿ	
曉	ㅎ	ㅎ	ㅎ
匣	ㆅ	ㆅ	

(二) 量音의變遷

漢字	古支那音	古朝鮮音	現代朝鮮音
加	ㅑ	ㅏ	ㅏ
甘	ㅏ		
半	ㅓ		
斯	ㅡ	ㆍ	
師	ㅣ		
拘	ㅠ	ㅜ	ㅜ
偶	ㅜ		
尤	ㅜ		
劣	ㆊ	ㅕ	ㅕ
兼	ㅕ		
詠	ㆌ		
妙	ᆄ	ㅛ	ㅛ
僥	ㅛ		
鐃	ᆄ		

漢字의質音의現代朝鮮音은古代朝鮮音에比하야、많히單純하야지고 確實하야지었은아、그 量音은처음붙어比較的單純確實化되었음으로「ㆍ」音以外에는 一般的變遷을別르찾을수없다 물재純粹朝鮮語音에넜어서도 單純確實化된것이적지아니하다、量音의「ㆍ」가없어진것이、單純確實化의큰事實임여또質音의「ㅸ、ㆁ」들의初聲과「ㅿ」이없어진것이、單純確實化의큰

事實일뿐안이라、 다음과같은 古語質音의低弱하든것이、 現代語의高强한質音으로變한것을보아서도 確實性의影響을앎수잇다。

意義	咎	鼻	劍	花	處	臂	塵	方	末	洗	修	本	湯
古語	ᄃᆞᆺ	고	갈	곶	곳	ᄇᆞᆯ	ᄃᆞᄐᆞᆯ	녁	긑	싯	ᄃᆞᆰ	본	긇
現代語	탓	코	칼	꽃	곧	ᄑᆞᆯ	ᄯᅳᄭᅳᆯ	녘	끝	씻	ᄯᆞᆰ	뿐	끓

우리말이單純確實性의影響을받아서、 質音의低弱한소리가 차차高强한소리로變하야오았음을깨달은以上「뜯」을「뜻」으로말하고、「송곧」을「송곳」으로말하고「탱탱이」를「댕댕이」로말하고、「곧」을「꼿」으로말하고「가온에」를「가온대」로말하는理由를알겠다。

第二項　正常語와單音節

複合語와轉成語는原則的으로 單音節의말이없을것임여、 擬倣語와外來語와는그音節의單複이一定하지아니한아、 正常語는單純確實性의影響을받아서、 몯오 單音節로되었다、 全體로보아서、 우리語彙의十中八九가 單音節의말이라할수잇는대、 그單音節은몯오正常語가안이라、할지라도、 正常語는 몯오、 單音節이다、 우리가普通正常語로보는、 말가온에는轉成語가많히잇다、 그實例를들연다음과같다。

물으(淡)	달이(脚)	굴음(雲)
풀으(綠)	골이(環)	발암(風)
눌으(黃)	쌀이(楸)	살암(人)

물과같은濃度가물은것이오、풀빝과같은色이풀은것이오、눌눌한빌이눌은것이오、밑에닳인것이달이이오、동골、동골한것이골이이오、쌀쌀한나무가쌀이이오、千變萬化의流轉을行하는것이굴음이오、발발떨게하는것이발암이오、살아났는것의靈長이살암임을밑옿어생각하건대、우리가正常語로생각하는말가읃에서、複音節의말은그實몯오、轉成語임을推想할수났다、「물으、풀으、눌으」는그語尾가、붙었다가떨어지었다가하는것임으로、그와同型語의綴字를몯오、「물으、풀으、눌으、」와같히語源을밝힐것인아「달이、골이、쌀이、굴음、살암、발암、」과같은말은 그語源을一一히찾기도어렵고、또그字形이固定되었음으로、그語源을밝힐必要가없히「다리、고리、싸리、구름、사람、바람」과같히쓰는것이便利하다。

第六節 類推性의影響

第一項 異義同音語

우리말의異義同音語의大部分은偶合的으로되었다。

同音	異義
말	言語、馬、斗、藻・摖撅、
살	膚、活、矢、燒、
비	雨、箒、碑、虛、
닐으	謂、到、
발으	正、塗、

클으한아 或類推性의影響을받은異義同音語도없지아니하다、그實例를들면다음과같다。

同音	異義
다리	脚、橋、
못	釘、胝、
배	腹、船、

第二項 類推性에依한助詞槪念의發展

助詞「로、으로、ㄴ」는名詞와動詞와의終聲如何에따아서붙이는一定한規律이있고、또그語種에많아서각각뜻이달으다 그實例는다음과같다。

名											
非轉成語											
終實		終虛		ㄹ終聲		終實		終虛		ㄹ終聲	
으로		로		로		으로		로		로	
금으로 만들었다	손으로 잡다	비로 쓸다	코로 냄을맡다	발로 차다	실로 매어라	산으로 가다	오정으로 맞납시다	내로 갑시다	저다리로 향하다	알로 오다	절로 가다
手段						方向					

法的轉成語詞	ㅁ終聲	으로	금임 으로 귀하다	理由
			밤먹음 으로 배가 불으다	
			낮임 으로 밝다	
			많음 으로 좋다	
動詞	終實	으로	끝꺾 으로 가다	意向
			밥얻 으로 오다	
	終虛	로	글배우 로 오았는가	
			공차 로 오았다	
	ㄹ終聲	로	만주에실 로 가는가	
			논을갈 로 가다	

「로、으로」는名詞밑에붙이어서、 手段과方向을표한다、 名詞에는사람의動作의手段物이될수 났는比較的적은 물건의名詞와사람의動作의手段物이될수없는比較的큰自然物과또時空에關한 名詞와의區別이났는대、「로、으로」를前者에붙임연 手段을표하게되고、 後者에붙임연、方向 을표하게된다、 곧「금」과「비」는前者에屬함으로「금으로」와「비로」와는 手段을뜻하고

「산」과「내」는後者에屬함으로「산으로」와「내로」와는方向을뜻하게된다 (글으한아 또類推性에依하야나같은區別이없어질때가있다)、動作의向하는時空의一定點이方向이오、動作의向하는目的의動作이意向임으로 方向의槪念과意向의槪念과는서로、類似하다、곧方向은動作의向하는곧이時空的一定點이오、意向은그動作의向하는곧이 目的的動作이라는差違가있을뿐임으로時空的一定點을표하는名詞밑에붙이어 方向을뜻하는「로、으로、」의槪念을發展식히어目的的動作을표하는動詞밑에、붙이어서、意向을뜻한다、「끝꺼으로가다」의「꺼」은「가」의目的的動作을표하는動詞임으로、그밑에「으로」를붙이어서 意向을뜻하는것이다、手段은動作의媒介的物體이오、理由는形態의說明的事體임으로 手段은演繹的이오、理由는歸納的이라고말할수없은 즉、手段과理由는생각하는立場이달을뿐이오、그內容에있어서、類似한것이다、글으함으로類推性의影響에많아 物體的名詞밑에붙이어서、手段을뜻하는「으로」의槪念을發展식히어서、事體的名詞인法的轉成名詞밑에붙임연理由를뜻하게되는것이다。곧「금임으로귀하다」이라는말을봄연귀한理由가「금임」이라는事體에있을것과같다、같은金이라할지라도物體的으로볼때에는 手段이되고、事體的으로볼때에는理由가될것이다、끝으로暫間法的轉成名詞에對하야、붙이어말하겠다、動詞와形容詞와名詞를한 文章의끝에둘때이라든지、事體로볼때에는「ㅁ」의特質에依하야 連鎖語(動詞、形容詞、名詞)의밑에「ㅁ」을붙이어서、轉成名詞로만드는絕對的規律이있다、글으한대、動詞의轉成된名詞가 動名詞이오、形容詞의轉

成된名詞가形名詞이오、名詞의轉成된名詞가再名詞이라는것으로서、ㄴ같은轉成名詞는 必要가넚을때에「ㅁ」의特質을利用하야、臨時的으로容易하게、例外없히、만들수넚음으로、ㄴ것을法的轉成名詞이라고말한다、法的轉成名詞의最終音節의終聲에는 몯오「ㅁ」이붙었음으로理由를뜻하는助詞「으로」만이쓰이고「로」는쓰이지아니한다。

第七節 偏重性의影響

第一項 優先語

形容의말은元來絕對的이안이오、相對的임으로、固定的으로쓸수가없다、글으함으로「높」은高한것이오、「낮」은低한것임에不拘하고、高低의程度를표하는名詞가偏重性의影響을받아서、「높이」로되었다、우리는比較的높지도아니한물건의高低를말할때에도、높이가「한자」이라、「셋치」이라고말한다、그類例의말을듦연다음과같다。

깊이(深淺)	길이(長短)	넓이(廣狹)	높이(高低)

第二項 重複語

나아가았다가、들어오았다가하는것과、나아오았다가들어가았다가하는것과를「나들」이라고말한다、글으한아、偏重性의影響을받아서、「나」를더重하게봄으로、다시웅에「드」를붙이어서「드나들」이라고말한다、(「들」의「ㄹ」이그本質에依하야떨어지고「드」로되었음)
니같은重複語의類例를듦연다음과같다。

複合語	重複語
안밝	안안밝
나들	드나들
개장국	개개장국(육개장국의對)
오날	오날날
모다	다모다

第三章 文法의最要點

第一節 概説

朝鮮語音이古代支那의잘못된 語音上規範의를에옮이어놓아서、誤謬의文字的出發을하게된것과、朝鮮文字가現代歐米의잘못된表音文字上認識에 無條件으로屈服되어서、그優越點을發揮하지못한不幸을痛歎한著者는、다시從來의朝鮮文法의 外語에迷惑된蹉跎를、크게不快히생각하는同時에、그要點만을第二節 第三節에서、指摘하야論하겠다、拙劣한自己가優秀한남에게、屈服되고、蹂躙될때예 그勢로보아서、當然한歸着이라고할지라도、그情에났어서는、오히려、不快感을갖게될것이언늘、하물며、優秀한自己가拙劣한남에게屈服된것임엘야 그實、남이나를屈服식힌것이안이라、나의無知에因한自侮가안이었든가? 우리는古今을通하야、文化에까지自己의精神으로살지못할運命의사람이라는말인가? 안이다、著者는크게불으짖는다、朝鮮語音의世界語音上基準的地位와朝鮮文字의表音文字上優秀的價値와 朝鮮語文法의簡律性을特히歐米人에對하야불으짖는다。

第二節 品詞의分類論

「아、우、부、호、므、거、츰、탄、너、퍼、두잡」들과같히質音과量音과가합하야聲音을닐옿고、「낫(晝)、밝(明)、하(爲)、퍽(頗)、다(助詞)」들과같히聲音에意義를붙인것이單語임여、또「간곧、올때」들의「ㄴ、ㄹ」들과같히、聲音의一面인質音만으로서도、意義를갖게된것은相當한單語이오、單語를합하야一聯의意思를表示하는것이言語(文)이다。

言語의構成要素가되는單語를、文法說明의必要에依하야 그槪念의共通點으로써、分類한것을品詞이라고말하는데、朝鮮語의品詞는名詞와動詞와形容詞와副詞와感發詞와의 六種이났다

그品詞의分類體系의全貌를보임연 下記와같다。

- 單語
  - 主幹語
    - 連鎖語
      - 體語‥名詞(事物의名目을표함)
      - 用語
        - 動詞(事物의動作을표함)
        - 形容詞(事物의形狀과屬性을표함)
    - 獨立語‥‥‥
      - 副詞(用語를制限함)
      - 感發詞(感情을표함)
  - 從屬語‥‥‥‥‥‥‥‥‥‥助詞(連鎖語를連絡助成함)

朝鮮語의品詞를 六種으로分類하는것이正當함을確證하기위하야、品詞分類에對한他說의評

論을試하고저한다、글으한대、周時經氏說에依한九品詞說과 朴勝彬氏의十二品詞說은朝鮮의 品詞分類論의 두潮流와같게보이는同時에、몯오、남의文法에迷惑된誤解임으로、그것을暫間 指摘하야論하겠다。

甲、周時經氏說

(一) 名 詞 (임씨)……서울、책、뜻、나、둘、그、바、무엇

(二) 形容詞 (얻씨)……무겁、둥글、늦、많、널으하

(三) 動 詞 (움씨)……오、깊이、먹、주、잡히

(四) 助 詞 (겻씨)……의、은、이、가、는、을、를

(五) 接續詞 (잇씨)……와、과、이오、고

(六) 終止詞 (맺씨)……로다、도다、고나、올시다、아라

(七) 冠形詞 (언씨)……저、네、한、새、언의、몯은、뭇은、웬

(八) 副 詞 (억씨)……절이、늘、못、아마、가장

(九) 感歎詞 (늑씨)……하하、네、후유、오

周說의助詞와接續詞와終止詞와는、세品詞로分類할 性質의말이안이라、몯오、助詞로봄이 옳다、그말들이、單獨으로서는 何等의意義를낱아내지못하고、體語와用語와에붙은뒤에、비 롯오、그意義가들어나는槪念의共通點에依하야 品詞的存在價値를認定할것인즉、單純한意義

上區別로써、 品詞의分立을말하야서는、 文法의紊亂을招來할뿐이다「의、은、이、가、는、을、를」들과「와、과、이오、고、ㄴ」들과「로다、도다、고나、을시다、아라」들의 根本的差別點이업에났는가、억지로、區別한다함연、 그말들의意義上相違밝에없을것이다、 意義의違差로써 品詞分類의標準을삼는다할것같음연「물」과「흙」도品詞가달을것이오、「많」과「적」도品詞가달으게되어서、 結局單語의數와品詞의數가갈게될것이안인가、 假令「나의옷」이라는말의「의」는「옷」의所有者가「나」이라는所有觀念을표하는것이、 그意義일것이오、「개와닭」이라는말의「와」는「개」라는名詞와「닭」이라는名詞와를、 한데、 넣어붙이는 接續觀念을표하는것이、 그意義일것이오、「먹도다」이라는말의「도다」는「먹」이라는말을끝맺는終止觀念을표하는것이、 그意義일것인즉、 너와같은單純한意義上差違로서는 品詞的存在價値를認定할수없음으로、 몯오助詞(著者說)이라는品詞의안에넣는것이옳다、 또周說以來의冠形詞이라는것도品詞的存在價値가없고、 닫은品詞의使用關係에不過한것이다、「저、네」는名語로서 名詞上에쓰임연、 形容的意味가났고、「한」은「하나」이라는名詞의縮語로서、 名詞上에쓰임연、 形容詞的意味가났고、「새」는本來名詞로서、 오래동안名詞上에만쓰이게되었음으로、 形容詞的意味가났고、「언」은元來名詞로서、 그밑에「의」를붙임으로「언의」이라는句가되어서、 形容詞的意味가났고、「몯」은動詞로서「은」을붙임으로「몯은」이라는句가되어서、 形容詞的意味가났고、「뭇」은「무엇」이라는名詞의縮語로서、「은」을붙임으로 形容詞的意義가났고、

(英語에도名詞밑에「은」音을붙이어서形容詞로된말이있다、例하건대 golden과같다)「웬」는元來名詞로서「ㄴ」을붙임으로形容詞的意味가있다、달은品詞의使用上關係를 精察하지아니하고、冠形詞이라는、模糊하고、奇怪한 品詞의名目을붙이게된것이다、冠形詞의冠字의뜻은名詞上에쓰인다는말이오、形字의뜻은 形容詞的意味가있다는말일것이오、또冠形詞의定意가、「冠形詞는名詞의웋에쓰이어서、그名詞를形容(制限)하는品詞이다」에不過할것인즉「날잘、봄바람、비물」들의「날、봄、비」이라는말이、冠形詞로됨이分明함을 밀옿어생각하야보건대、몯은名詞는名詞도되고、冠形詞도된다는矛盾되는結論에닐을것임여、또「몯은」과의同型語인「먹은、받은、안은、」들이冠形詞로되는것이分明함을밀옿어생각하야보건대、動詞와形容詞와의밑에「ㄴ」「은」을붙인句가、몯오、冠形詞로될것이안인가、달은品詞의使用關係로써닐옿어진冠形詞이라는말을速히버리지아니함연아니된다、助詞의一部인「와、과、고、이오」들에接續詞이라는닐음을붙인것은、英語文法에서말하는 the conjunction에迷惑된事實인것같고、또그冠形詞의冠字가英語文法에서말하는冠詞 (the article) 에多少라도迷惑된踪跡이숨어있지아니할가생각된다。

乙、朴勝彬氏說

1 名　詞……감、셋、諸葛亮、智慧、사람

2 代名詞……나、당신、그이、너것、우리

3 存在詞……있、없

4 指示詞……先生이다、動物이오

5 形容詞……크、붉、미련하

6 動 詞……자、잡、울、주、사랑하

7 助用詞……잡히、오시、가쓰ㅂ니다

8 助 詞……와、과、이、가、을、를、의、에、ㅂ니다

9 冠形詞……재、외

10 副 詞……잘、매오、많이、꼭

11 接續詞……및、또는、글으하나

12 感歎詞……아、아자

朴說의代名詞이라는것은 文法說明上에있어서、名詞와의何等의相違點이없음으로、品詞로서의別立的價値가없고、名詞의하나로서의 代名詞를말함은自由일것이다、英語文法에서말하는代名詞(pronoun)는文法說明上名詞(noun)와같게보지못할點(nerson, case, number, gender)이있음으로、代名詞이라는品詞를設定하는意義가있건이와、朝鮮語의代名詞는 文法關係가名詞와같음으로、品詞로서의存在價値가없은즉、無端히재를지고장갈에必要가있을가? 또그存在詞이라는것은、「있、없」들의두말을뜻하는모양인대、그것은存在詞가안이오、形容詞이다、「있、없」들의助詞와의連絡關係가 形容詞와같은點에서、 곧形式的으로보아서、存在詞이라는두말로된品詞를別立식힐必要가없다는것보다、元來存在와非存在는 形容의根本的概念이오普通의形容은存在에關한形容이다、 글으함으로 朴說의存在詞이라는것은形容詞임이分明하다、 英語의 is 는存在를뜻하는動詞이오、 非存在를말할때에는 is 에助動詞 (auxiliary verb) 인 not 를더할뿐이고、 非存在를표하는말이、 獨立的으로、 있지아니함을보아도、 그말의內容이朝鮮語에比하야 遜色이있음을알겠고、 더욱히、 形容詞的觀念의말이動詞로되어있는矛盾을보건대、 그들의머리가確實히우리의머리만못함을말할수있다、 is 는그들의所謂不完全自動詞 (incomplete iutranstivc verb) 이라는것으로서、 補語 (complement)를要한다고말한아、 그實、 is 이라는말은存在를표하는動詞임연서、 때로는、 朝鮮語의「이 다」의뜻이있다、 例하건대、 There is the most intresting Book on my desk. 의 is 는存在를표하는動詞인아 This is the most intresting book 의 is는事實을말하는「이、다」와같게됨을보아서、 英語의內容의不徹底를말할수있고、 또日本語를봄연存在를표하는말인「アリ」는動詞이오、非存在를표하는말인「ナシ」는形容詞로되었은아、 非存在의觀念을形容으로본것만은、 確實히 日本人이英國人보다優秀한點이다、 存在와非存在를표하는朝鮮語의「있、없」들이함께、 形容詞로되어있음은分明히 우리頭腦의優越함을表徵하는좋은材料임에不拘하고、 남들(英米人)이、 그말을形容詞로닐으지아니하는事實에迷惑되어서、 存在詞이라는 不當한名稱을붙인것이아닐가생각된다、存在는形容의根本概念임으로、「있、없」들의말이함께形容詞로되어있는 事實이朝鮮語의長點임에틀림이없을것이언이와 나제一般用語의助詞「은、ㄴ、는、을、ㄹ」들과連絡하는關係를돌아보아도「있、없」의形容詞임을알수있다。

用語 ＼ 助詞		過去(至今)	現在(方今)	未來(今後)
		ㄴ、은	는	ㄹ、을、
動詞	終虛 보	본	보는	볼
	終實 먹	먹은	먹는	먹을
形容詞	終虛 크	큰	크는	클
	終實 많	많은	(많는)	많을
	있	있은	있는	있을
	없	없은	없는	없을

글으한대、元來「ㄴ、은、는、ㄹ、을」들의助詞는時間을표하는助詞로서、「ㄴ(은)」은過去의時間을표하고、「는」은現在의進行狀態를표하고、「ㄹ(을)」은未來를표하는것임으로 動詞밑

에붙이는것이正態일것인아、 類推性의影響에依하야 形容詞밑에도쓰고본이、 形容詞의意義如何에땋아서應合하지아니하는境遇가났다、「크」이라는形容詞를成長한다는動詞로보아서、「는사람」을붙이연「크는사람」이라는말이되어서、 成長過程에났는 사람을뜻하게된다、 글으한아、「많」이라는形容詞밑에「는」을붙이어서、「많는」이라고는말하지아니한다、「크」와「많」이함게形容詞로서「크」에는「는」이붙게되고「많」에는「는」이붙지아니한다。

(註) 우리가普通으로「많」이라는形容詞밑에助詞「는」을붙이지아니한다할지라도、그것은實로言語發達의不足을낱아내는事實에不過하고、 理論上으로보아서 不可能한것은안이다、「크어지는것」이「크는것」임으로「많아지는것」이라는말도「많는것」이라고말할수났다글으한아、「크는」이라는말을많이쓰고「많는」이라는말은普通으로쓰지아니하게되는理由가單一體의成長觀念과增數體의集團化와의差異에났는것이다、 니에對한 詳細는別論을要함으로玆에省略함

글이고「많은사람」이라는말과같은形式으로써、「났은사람、 없은사람」이라고말하야봄연前者의말과後者의말의時間的의뜻이닮아진感이났고、「났는사람、 없는사람」이라고말할때에비롯오、「많은사람」이라는말과같은時相으로생각된다、 니와같게되는理由는、 첫재、 動詞밑에붙이어서、 時間을표하는助詞「ㄴ、은、는、ㄹ、을」들을形容詞밑에붙이게된것이오、 둘재、形容의根本概念인存否를표하는「났、없」들의뜻과、 形容의一面的概念인性相을표하는하나로서

의「많」의뜻과가、 서로合致되지아니하는것이다。

「크는사람」 이라는말과같은形式으로서의「많는사람」 이라는말을쓰지아니함을 理由로삼아서「많」 이라는말이形容詞가안이라고主張할수없는것같히、「많은사람」 이라는말과같은形式으로서의「났은사람、 없은사람」 이라는말이쓰이지아니함을理由로삼고서、「났、 없」 들이形容詞가안이라고主張할수가없는것이다、 元來「은」 은過去를표하는 助詞이라고말할지라도、「먹은사람、 많은사람」 이라는말은存在를前提로한까닭에、 그먹은事實과많은事實이 現在에까지持續되어서、「먹은、많은」 이現在의形容과같게된다、 글으한아、「났은사람、 없은사람」 이라는말은、 사람의存在를前提로하지아니하고、「났」 이라는形容詞그自體가存在를표하게됨으로、「은」 을붙이어서、「났은사람」 이라고말함연、 그사람의過去의存在를뜻하게되어서、現在의그사람의存在를앎수없게됨으로、 現在의狀態(形容)를표하기위하야 「은」을붙이지아니하고、「는」 을붙이어서「났는사람」 이라고말하는것이다。

글이고、 또指示詞이라고말하는「이」 는名詞밑에붙이어서、 그名詞의뜻하는 事實을肯定하는接尾語이오、 指示詞이라는獨立한品詞가안이다、 말의內容을細密히考察하지아니하고、한말두말로써、 品詞를設定하는 (「없、났」 은存在詞이오、「이」 는指示詞이라고말하는類)생각이「the. a」 의두말로써能히冠詞이라는品詞를形成한英語에迷惑되어서 나아온것이안일가。 朝鮮語에는한두말로써 品詞를닐울는奇怪한풀이 없다、 朝鮮語의助詞에「어」 가났는대、 그뜻은

「가」와같은아 綜實의名詞밑에는「이」를쓰고、綜虛의名詞밑에는「가」를쓰는區別이났다

이	가
저산에돌이많다	비가한달동안을오았다
그들이얼에로가는가	좋은때가오았다
고향이그립어요	소가큰닐을하오

글으한대、朴說의指示詞는上記助詞의「이」가안임은勿論이오、下記의例와같은「이」를말하는것이다。

저것이나의집이오	그책이訓民正音이다
저이가先生인가	자네가날군일세
겐가안인가물어보세	黑은色이안이다

上記의「이」는名詞밑에붙이는接尾語로서、그名詞와함께 그名詞의뜻하는事實을肯定하는形容詞가된다。

形容詞 \ 助詞	다	고	ㄴ、은、	ㄹ、을、	(ㅁ、음)
크	크다	크고	큰	클	큼
없	없다	없고	없은	없을	없음
내이	내이다	내이고	내인	내일	내임
집이	집이다	집이고	집인	집일	집임

(註) 「ㅁ、음」은助詞가안이오、 名詞를만드는語尾이다。

「내이、집이」가事實을肯定하는形容詞임으로事實을否定할때의使用하는助詞「지」를붙이지 아니한다、 곧「크지아니하다、 없지아니하다」이라는말은닜은아「내이지아니하다、집이지아니하다」이라는말은前部의肯定과後部의否定과가서로矛盾되는까닭으로、 實地에 그와같은말이닜을수없다、 니點이本來의形容詞와의區別되는點임으로「내이、집이」와같은말을形容詞의 하나로서의肯形詞이라는닐음을붙일수도닜고、 몯은名詞가 形容詞로變하는點에서、 名形詞이라는닐음을붙일수도닜다、 何如間、變通性이적은體語로서의名詞가接尾語「이」에依하야用語의하나인形容詞로化하게되는니事實이、 또한 朝鮮語의큰長點임에不拘하고、 指示詞이라는不當한닐음을붙이어서、 그長點을抹殺식힘은寒心한닐이다。

몬은事實의肯定의綜合된觀念(代表的觀念)을표히는말이、「것이」이오、「것이」의反對概念곧몬은事實을否定하는말이「안이」인대「것이」의縮語는「게」이오、「안이」는「아니」의縮語인「안」에接尾語「이」를붙인것이다。

事實의眞否
- 肯定....것이(게)
  - 내이、 끝이、 산이、 힘이
  - 봄이、 집이、 붓이、 선생이
- 否定....안이、

上記의事實의眞否에關한말의內容系統이存在의有無에關한말의그것과같다。

存在의有無
- 存 在........있
  - 크、 작、 많、 길、 풀으
  - 높、 낫、 깊、 맑、 늦
- 非存在........없

글이고、 또助用詞이라는말도、 옳지못하다、 助用詞이라는말은아마英語의助動詞(auxiliar y verd)에迷惑된原因이있지아니할가생각된다、「이、히、아지、어지、시、으서、았、었、겠」들의用語밑에붙이는接尾語임을理解하지못한까닭에、 添加語인 朝鮮語를屈折語인英語의構造의틀에맞후어서、 생각하는誤謬를犯하얐다、 朴說의助用詞는 몬오品詞的存在價値를갖은것이안이오、 用語의밑에붙이어서、 그用語의뜻을돕는接尾語에不過한것이다。

用語＼接尾語	이、히	아지、어지	시、으시	었、었	겠
보	보、이	보、아지	보、시	보、았	보、겠
집	집、히	집、어서	집、으시	집、었	집、겠
크	／	크、어서	크、시	크、었	크、겠
많	／	많、아지	많、으시	많、았	많、겠

上記의「이、히、아지、어지、시、으시、았、었、겠」들의말들이品詞로서의助用詞가안이오、用語의밑에붙이는接尾語임을立證하기위하야「ㅁ、음」을그말들의밑에붙이어봄이가장좋은방책일가한다。

보 임	보아짐	보 심	보았음	보겠음
집 힘	집어짐	집으심	집었음	집겠음
／	크어짐	크 심	크었음	크겠음
／	많아짐	많으심	많았음	많겠음

終虛의用語밑에「ㅁ」을붙이고、終實의用語밑에「음」을붙이어서、名詞를만드는一般的

法則이 없음으로 上記의 「보임、보심」 과같은말은한덩어리의名詞로變한것이오、「임、심」 만이 名詞가안임을알겠다、 곧다시말함연、「보」 이라는動詞의接尾語 「이」 에 「ㅁ」 을붙이어서、「보임」 이라는말의全體가名詞로變하고、 또그動詞의接尾語 「시」 에 「ㅁ」 을붙이어서、「보심」 이라는말의全體가名詞로變한것이다、 萬若 「보」 와 「이」 가品詞的으로 獨立된말이라할것같음연、 設使、 百步를讓하야、 助用詞 「시」 의밑에 「ㅁ」 을붙이어서 名詞가된다할지라도 動詞 「보」 에는直接의影響이없을것인즉、 結局動詞 「보」 의밑에名詞 「임」 이直接붙은 奇相을呈할것이안인가、 元來우리말의動詞밑에 直接으로名詞가오는一般的法則이없고、 動詞의밑에名詞를붙일必要가있을때에는반듯히助詞를그中間에넣는다。

보는사람	본사람	볼사람	보았든사람
크는사람	큰사람	클사람	크었든사람

「이、히、아지、어지、시、으시、았、었、겠」 들이品詞로서의助用詞가안이오、 用語밑에붙이는 接尾語임은 長論을要하지아니하건이와、 니같은接尾語는둘도붙고、 셋도붙을수있는대、 셋이붙는境遇이라할지라도、 그各接尾語는用語를前提로하고 附屬된말인까닭에獨立的存在의作用을하지못한다。

用語 \ 接尾語	시겠 (으시겠)	시었 (으시었)	이었 (히었)	아지었 (어지었)	시어지었 (으시어지었)
보	보、시겠	보、시었	보、이었	보、아지었	보、시어지었
집	집、으시겠	집、으시었	집、히었	집、어지었	집、으시어지었
크	크、시겠	크、시었	/	크、어지었	크、시어지었
많	많、으시겠	많、으시었	/	많、아지었	많、으서어지었

上記의接尾語는必要에應하야붙게되는것임으로、 그數는定하야놓을수가없다、 假令「보、시어지、였、였、였、다」이라는말을볼것같음연、「시」와「어자」와「었」과「었」과「었」과의다섯개의接尾語의붙은말임을앎수났다、 用語의밑에接尾語를많히붙이였다할지라도、그밑에다시「ㅁ、음」을붙임연、 그接尾語가用語와함게、同一한名詞로變하야짐을보건대、 그接尾語의接尾語인所以가들어난다。

보시겠음	보시었음	보이었음	보아지었음
집으시겠음	집으시었음	집히었음	집어지었음
크시겠음	크시었음	/	크어지었음

많으시겠음	많으시었음	/	많아지 었음

上記의말의語幹部와語尾部가합하야、 한名詞로轉成함을알겠은아、 너와같은轉成語는 法的으로보아서、 한개의品詞이라할지라도、 그品詞的作用의形式으로볼때에는、語頭部와語尾部와가서로달은境遇가났다、 玆에서그轉成品詞의品詞的作用을說明하기위한準備로서의 語勢의不逆相을말하겠다、 假令、「압으지께서보시었음이분명하다」 이라는말의「보시었음」을보건대 그말의밑으로의助詞와의關係에났어서는 名詞的作用을하얐은아、 웅으로의助詞와의關係에났어서는、 用語的作用을하얐다、「보시었음」 이라는말이「음」 이붙이어서法的으로는名詞가되었다할지라도、 時間的으로보아서、「보」 이라는用語는벌서、 그웅의助詞와의關係에났어서、 用語的待遇를받았음으로、 븡에생긴法을맒을수없음은 自然한理勢이다、 著者는너와같은轉成品詞의作用을語勢의不逆相이라고불은다、 口語體에났어서는、「보시었음」과같은轉成品詞의 品詞的作用은、 알로는轉成된品詞의作用을한다할지라도、 그轉成品詞의웅에났는助詞와의 關係에났어서는、 轉成以前의品詞的作用을하얐음으로 新設의法則이既往의事實을變動식히지못하게되는것이다。

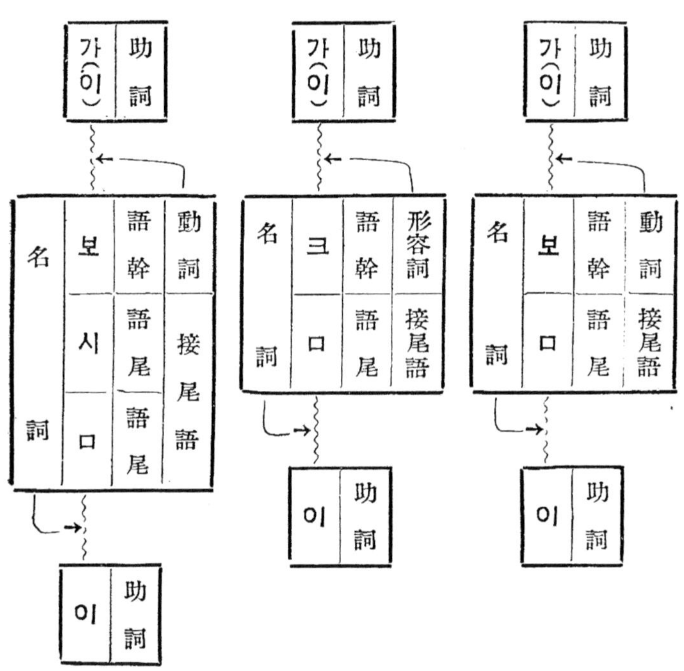
가(이) 助詞
名詞 보 語幹 動詞
시 語尾 接尾語
ㅁ 語尾
이 助詞
가(이) 助詞
名詞 크 語幹 形容詞
ㅁ 語尾 接尾語
이 助詞
가(이) 助詞
名詞 보 語幹 動詞
ㅁ 語尾 接尾語
이 助詞

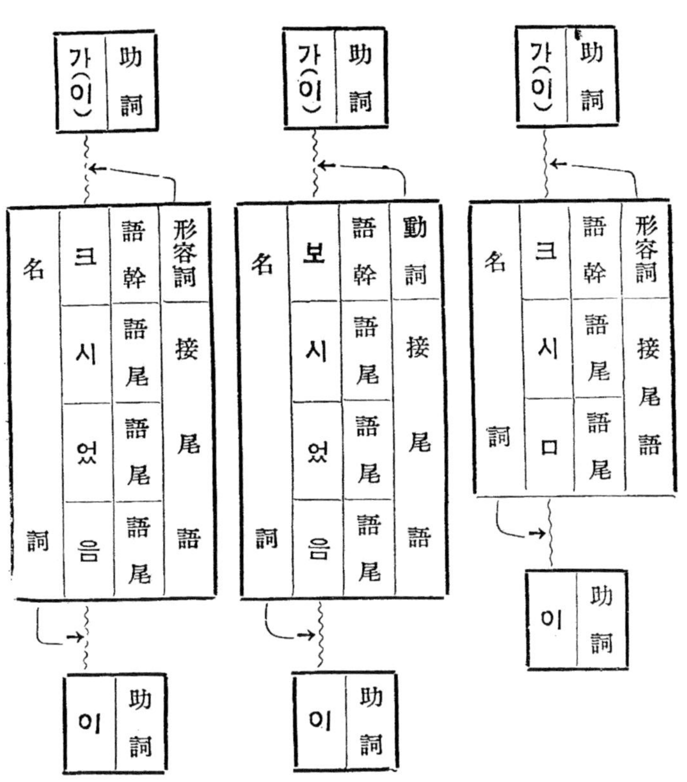

가(이)
助詞
名詞
크
語幹
形容詞
시
語尾
接尾語
었
語尾
음
語尾
이
助詞
가(이)
助詞
名詞
보
語幹
動詞
시
語尾
接尾語
었
語尾
음
語尾
이
助詞
가(이)
助詞
名詞
크
語幹
形容詞
시
語尾
接尾語
ㅁ
語尾
이
助詞

文語體에 있어서는、 語勢의不逆相이無視되어서、 轉成品詞의頭末의作用이 함께轉成以後의 品詞의作用을한다、 口語體의記寫와文語體의記寫와가、 함께文字이라는點에서 同樣일것인아 口語體의記寫는時間的表現인 言語의單純한形式的變體로서의空間的表現임에不過함으로、 그 內容이、 恒常、 言語에서와같은時間關係를超越하지못하고、 文語體의記寫는 時間的表現인、 言語의完全한變體로서의、 곧獨立的存在로서의 空間的表現임으로、 言語에서와같은時間關係를超越하야 語勢不逆相을돌아보지아니하는것이다。

文 語 體

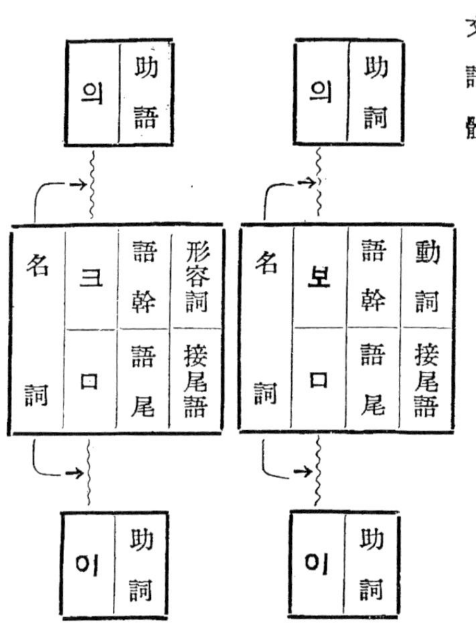

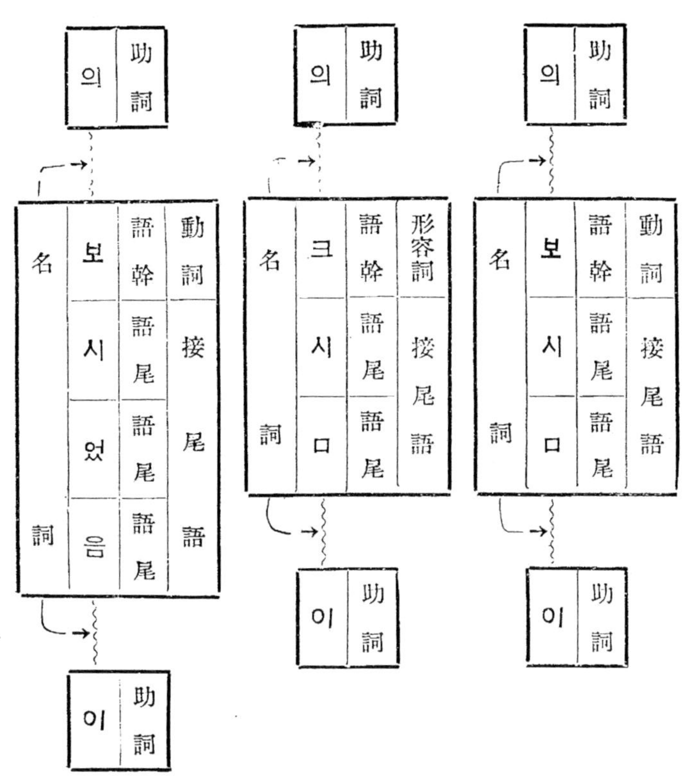

의 助詞
名詞 보 語幹 動詞
시 語尾 接尾語
었 語尾
음 語尾
이 助詞
의 助詞
名詞 크 語幹 形容詞
시 語尾 接尾語
ㅁ 語尾
이 助詞
의 助詞
名詞 보 語幹 動詞
시 語尾 接尾語
ㅁ 語尾
이 助詞

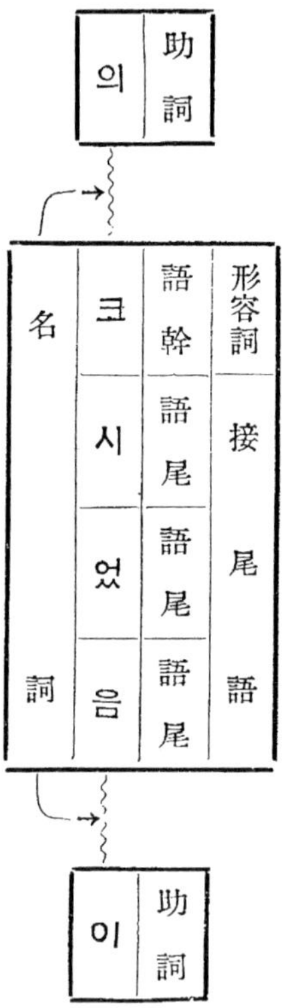

助詞	形容詞 接尾語				助詞
	語幹	語尾	語尾	語尾	
의	크	시	었	음	이
	名詞				

글이고、 또朴說의冠形詞는周說의그것과같은內容의말임으로 品詞的存在價値가없고、 그接續詞는周說의그것과內容이달은아、 몯오、 달은品詞의使用關係에不過한것이다。

第三節　體用相互化

體는靜的이오、 空間的임여、 用은動的이오、 時間的이다、 니와같은意味로볼것같음연、名詞를體語이라하고、 動詞와形容詞와를用語이라고하는말은 適當하다고생각된다、 글으한대、 體語는體語로서의存在價値가없고、 用語는用語로서의存在價値가없어서、 끋다시말함연、體語와用語와가各各그特色을發揮함에因하야 意思表現의根幹을닐울게되는것이다、 글으한아、 言語의進行過程에없어서、 兩極에달아난體語와用語와는、 그偏傾性의缺陷을避하기위하야 體語의用語化와用語의體語化와가닐어나았다、 니에닐읍어、 비롯오、 體의가온에用이없고、用의가온에體가없게되어서、 實로 말의體用機能의圓滑을完遂하게되는同時에、 니것이朝鮮語의長點의하나가되는것이다、 體語밑에 「이」를붙이어서、 用語인形容詞를만들고、 用語밑에 「ㅁ、음」을붙이어서、 體語를만드는것은 한개의例外가없는儼然한事實인대、 그實例를들면、 다음과같다。

體用相互化 ┌ 體語의用語化‥‥내이、 비이、 달이、 발이
└ 用語의體語化‥‥봄、 큼、 먹음、 많음

글이고、 또、 體語의用語化에 「이」를쓰고、 用語의體語化에 「ㅁ」을쓰게되는、그內容이合理的임을앎때에朝鮮語의獨特한價値를 世界人에게불으짖지아너할수없다、 靜的이오、 空間的인體語가動的이오、 時間的인用語로、化하는데는、 첫재、 時間的音인量音을要할것이오、 둘재몯은量音가온에서、 가장長音을要할것임으로、 結局 「ㅣ」를쓰게되고、 또 動的이오、 時間的인用語가、 靜的이오、 空間的인體語로化하는데는、 첫재、空間的音인質音을要할것이오、 둘재몯은質音가온에서、 가장、停止를식힐수없는音을要할것임으로、 結局、 終結的音인「ㅁ」을쓰게된것이다、 體語의用語化와用語의體語化는 一次만成立되는것이안이라、 적어도三次는成立된다、 곧 「조선말」이라는名詞밑에 接尾語 「이」를붙임연 「조선말이」이라는形容詞가되고 그밑에接尾語 「ㅁ」을붙임연 「조선말임」이라는名詞가되고、 또 그밑에 「이」를붙임연、「조선말임이」이라는形容詞가되고

形容詞			
名詞			接尾語
形容詞		接尾語	
名詞	接尾語		
조선말	이	ㅁ	이

「좋」이라는形容詞밑에、(接尾語)、「음」을붙임연「좋음」이라는名詞가되고、 그밑에接尾語「이」를붙임연「좋음이」이라는形容詞가되고、 또그밑에接尾語「ㅁ」을붙임연「좋음이ㅁ」이라는名詞가된다。

名詞			
形容詞			接尾語
名詞		接尾語	
形容詞	接尾語		
좋	음	이	ㅁ

朝鮮語文正體 終

附　錄（朝鮮語의再出發을高唱하는著者의學說根據의體系를附錄에붙임）

第一、時空原理論

著者는本論에서時空의現性—經驗으로써 推知할수있는性質—을考察하야、 그것으로써、 그本體를論理的으로究明할아고한다。

一、時空의現性

1　時空의相互性

宇宙를形成하고있는萬有의容器的形式인 時空그自體의存在는一方의存在가他方의存在를前提로하고만存在하는것으로서、 時間을除外하고서의 空間과空間을除外하고서의時間과는있을수없다、 換言함연空間의存在하는곧에는必然的으로 時間이存在하고、 時間의存在하는곧에는必然的으로空間이存在한다、 나는時間과空間과의니같은 存在關係를時空의相互依存性이라고불은다、 純粹時間과純粹空間과의經驗을갖지아니한우리는、 時空의相互依存性을 具體的으로立證하는手段으로서、 時空內에 存在한現實의宇宙를利用하지아니할수없다、 곧現實의宇宙의空間的存在가있어야만、 皇紀二六〇〇年二月十一日이라는 宇宙의時間的存在가있을수있음여皇紀二六〇〇年二月十一日이라는宇宙의時間的存在가있어야만 現實의宇宙의空間的存在가있을수있다、 時間과空間과를 別個視할때에、 時間은一次元的이오、 空間을三次元的이라말할수있다、 글으한아 벌서時空의相互依存性을確認한以上에는 그時空의相互依存性이 언의特定時

空에만成立하는것이안임으로、時間의一次元的性質과空間의三次元的性質과의 相互包容關係를容易하게앎수있다、곧空間은언의特定時間에만存在하는것이안이고 時間全般에亘하야存在하고、時間은언의特定空間에만 存在하는것이안이고、空間全體를通하야存在한다、具體的으로말함연、皇紀二六〇〇年에는空間이있고、그翌昨年에는、空間이없다든지、二十世紀에는空間이있고、ㅋ前後에는空間이없다든지、太陽系안에는時間이있고、太陽系밖에는時間이없다고는말할수없다、一次元的時間은三次元的空間全體를通하야充滿하고、三次元的空間은 一次元的時間全般에亘하야指續된다、著者는時空의너와같은相互包容關係를 時間의空間性과空間의時間性이라고불으는同時에 時間의一次元的性質을時間固有性이라고불으고、空間의三次元的性質을空間固有性이라고불은다、時間은그固有性以外에空間性이있고、空間은 그固有性以外에時間性이있음으로、時間인아、空間인아、함께四次元的이라고생각된다、實際에있어서 時空은함게四次元的이오、또四次元的이안임연아니된다。

時　間＝時間固有性＋空間性
＝一次元的性質＋三次元的性質
＝四次元的性質

空　間＝空間固有性＋時間性
＝三次元的性質＋一次元的性質
＝四次元的性質

何時何處이라는觀念은物의存在를認識하는데잇어서、 가장一般的基礎的標準임여 容器的形式이다、 實在的存在物임연 많은아적은아、 언의時間을占有하고、 넓은아좁은아、 언의空間을占有한다、 例하건대 人間은七十歲의時間과六尺의空間과를占有함과갈다、 實在的으로存在하는物은 몯오時空안에存在하는까닭에 實在的存在物의總合體로서의 宇宙가時空안에存在한다고말할수잇다、 곧時空은 宇宙의容器的形式임으로 宇宙가時空을그容器로하고서 存在한다니와갈히 實在的存在物의存在를可能식히는時空 그自體는實在的存在物이안이고 實在的存在物의背後(基底)에잇는 非實在的存在가안임연아니된다、 著者는時空의니와갈은性質을非實在的容器性이라고불은다、 實在的存在物의存在와時空의存在와는 存在의重複을意味함연서도、 서로衝突되는닐이없을뿐안이라、 互相融合하야 實在的存在物의存在에時空의存在가絕對的必要條件으로된다、 니것은時空의非實在的容器性에基因한바이다。

二、 時空의本體

時空은現性으로서、 相互性과非實在的容器性이잇고 相互性은 다시 相互依存性과相互包容性으로分立된다。

- 時空의現性
  - 相互性
    - 相互依存性
    - 相互包容性
  - 非實在的容器性

以上과같은時空의現性을土臺로하고時空의本體를究明하야보겠다。

假令、時間을T이라고定하고、空間을V이라고定한다할것같음연T의存在가 V의存在를前提로하고、V의存在가T의存在를前提로하는同時에T가없음연 V가必然的으로없어지고V가없어짐연 T가必然的으로없어진다고하는時空의相互依存性이成立되기爲하야는V와T와가別個의存在가안임을要하고、또T가必然的으로V全體에包容되고、V가必然的으로 T全般에包容된다고하는時空의相互包容性이成立되기爲하야는、T와 V와는全然別個의存在가안이라、언의同一存在의二方面이안임연아니된다는歸結에닐은다、要하건대、時空은그現性으로서의 相互性이있고、時空의相互性은 時空의別箇存在가안임을意味한다、換言함연時空의現性으로서의相互性은 우리에게「時空은別箇의存在가안이라언의同一存在의二方面이다」이라고말한다언의同一存在의二方面이라고하는것은 果然언드한存在인가를追求할때에、우리는表裏의概念으로써、그眞相을想像할수가있다、例하건대 木板一枚의表裏와같다、木板의表面을없히하기爲하야 表面을깎음연재表面이나아올것이오、또그表面을깎음연다시또재表面이나아올것이다니와같히깎고깎는동안에 畢竟、表面이 全然없어질것이다、그때에는 裏面도같히없어지는동시에 木板이라는것이없어질것이다、니와反對로裏面을깎아도同樣의結果가날아날것이다、그뿐안이라、表面全體의反面이裏面이오、裏面全體의反面이表面임으로 表裏의存在關係와包容關係와가時空의相互關係와同樣이라고말할수있다。

時間과空間과는 全然別箇의存在가안이오 언의同一存在의二方面임을確認한우리는 第二段의硏究로서、언의同一存在이라는그存在가 果然언드한存在인가가問題이다、글으한대그問題는時空의非實在的容器性으로써推論하야 容易히解決할수가잇다、時空은實在的存在物의基礎에存在하야 實在的存在物의存在를可能식히는非實在的存在이오또언의同一存在의二方面이안임연아니된다는 兩事實을綜合的으로考察할때에비롯오、時空의第二段的考究가把握된다、곧時空은 無의二方面이라고말할수잇다、現實的으로有ㅣ宇宙의實在的存在物ㅣ의根柢에無의二方面인時空이存在한다는事實을밀옿어서、考究의第三段의걸음을나아감연 時空의本體를一層明確히把握할수가잇다、實在的存在物인有는 非實在的인時空을通하야 存在하고 無는有에딿아서時空化하야 有의基礎에存在한다、無가有에딿아서二化된것이時空이다、時空의前身이無이고 無의後身이時空인것이다、有以前에는 時間과空間과의區別이없고、다만 空空寂寂한無가잇을뿐인아 無는無의本質上、有를要하고 有는有의本質上無를二化하얐다、一無의中에出現하야 發展한萬有는實로千差萬別하야 一見、極히複雜한듯한아、그實萬有는 質量兩面이잇음에不過한다、無의中의有의出現換言함연 宇宙의起始에잇어서、無는時空化되고有는質量化되었다、時空은無의素性이오、質量은有의素性인아 無가有를맞이서비롯오、그素性인時空이낱아나고、有가無에出現하야、비롯오、그素性인質量이낱아난나 存立의基礎를時空의옿에둔有(物質世界)는時間의反映인質과空間의反映인量으로分立될뿐안이라、質量의相互關係는 時空

의相互性과全然同樣이다。

(註) 時空原理와、 서로表裏的關係를갖은質量原理가있다、 그質量原理의詳細는 別論을要하진이와 玆에서、 그主軸的槪要만을말함연 다음과같다、 有의體는 物資的物로서、 그量的存在가 空間에있고、 質的存在가 時間에있음여、 有의用은 物質的物에서、 나온非物質的物로서 光과같히、 그量的存在가空間에있고、 質的存在가時間에있는것과、 音과같히、 그量的存在가時間에있고、 質的存在가空間에있는것이있다、 著者는量的存在가空間에있는것을 空占物이라고불으고、 量的存在가時間에있는것을 時占物이라고 불은다、(空占物과時占物과의命名은量의質化와質의量化와를無視한것이안임)

有
- 物質的物……空占物
  - 量……空間
  - 質……時間
- 非物質的物
  - 空占物
    - 量……空間
    - 質……時間
  - 時占物
    - 量……時間
    - 質……空間

要하건대、 無의中에有가出現하야 無를時空化하는同時에、 有그自體가質量化하얐다、 너와갈히時空의時空으로서의存在를保支하기爲하야는 有가絕對的必要條件이되어서、 有를超越한

時空이 없을수없다는것을 다만過去의事實로만생각하야、 無의中에出現한有가無를時空化하얐다는一方的斷案에글이지아니하고 다시나아가아過去의反面인未來까지 念頭에넣음연 時空의本體를一層明確하게把握할수가없다、 우리가、 根本的變遷인宇宙의起始 곧無의中의有의出現을생각할수없었음으로、 그와同樣의意味에서 亦是根本的變遷인宇宙의終末곧有의消滅에依한時空의無에의歸着을생각할수없다、 有는時空안에만存在하고 時空은有의中에만날아남으로、有以外에는時空이없고、 時空以外에는有가없을수없는까닭에 有以前의無와有以後의無를論함은當然한닐이다、 玆에서 以前과以後와의말의概念을다만時間的으로생각하야、 有以前의無와有以後의無와를全然別箇視하는誤謬를犯하야서는아니된다、 有는四次元的存在인까닭에 有以前의無와有以後의無와는同一의無이다、 換言함연 無窮의非實在的存在인無의一方面—時空—의中에存在한有는四次元的으로 同一의無에全然包圍된것이다、 無窮無限의無의中의一瞬一點과같은것이、 時空이고 그一瞬一點과같은時空의中에存在한物이有—現實의宇宙—인까닭에、有의有限과時空의有限과를앎수없다、 無는無窮하고有는有限함으로 無의有限과有의無窮과는없을수없은아、 有에낱아난無의後身的存在로서의 時空은有限한것이다。

時空의有限함을앎以上、 우리는玆에서考究의 第四階段으로서、 時間固有性의一次元的長과空間固有性의三次元的大를問題視하지아니할수없다、 곧時間의長과空間의直徑이 얻드한程度의것인가를究明할必要가없다、 時空을無窮의無에比較함연 實로一瞬一點에不過한아、 時空안에잇는吾人으로서는 實地의絕對的測定이不可能하다、글으한아、時空의相互性이잇음을알吾人은相對的으로測定하는手段에글일뿐이다、相對的測定方法으로서는 時間을尺度로하고서、空間을測定하는것과、空間을尺度로하고서 時間을測定하는것이다、吾人이運動하는物體에잇어서 時間과空間과를槪念의要素로한速力이라는말을생각하야볼때에、時間의長과空間의大가함게問題되는것이다、글으한아 競馬의速力이라든지、列車의速力이라든지、飛行機의速力이라든지音波의速力이라고말하는것과같히 時空의相互關係의差異ㅣ單位時間에亘하는空間의廣狹ㅣ에따아서 千差萬別의境遇가잇을것이다、글으한아、그것은速力의程度가相違되는點으로서의千差萬別에不過하고 單位時間에亘하는空間의不足性ㅣ單位時間에亘하는、더큰空間이생각하야지는点ㅣ에잇어서는 몯오同様이라고말할수잇다、글으한대、運動하는物體에잇어서、單位時間에亘하는空間의不足性은 大體로運動體의力과時空媒質의抵抗에左右되어서닐어나는까닭에 宇宙內의現象으로서는 單位時間에亘하는空間의不足性의全然없는것은없다고 速斷하기쉽은아、吾人은光과電波와의速力을보아서、그近似現象을經驗할수가잇다、著者는 光의速力에잇어서와같히 單位時間에亘하는空間의不足性이없는狀態를時空의融合現象이라고붙은다、니같은時空의融合現象에잇어서는、時間의各微分子와空間의 各微立子가均一的으로맞나아서相互의過不足이없을것이다、假令只今空間의直徑의一方에發光體가잇다고하연 光이그直徑의他方에到達할때가올것이다、그때가곧時間의終末의때로서 只今으로붙어그때까지의時間의長

이空間을尺度로하고서測定된셈이다、그것을逆으로생각함연 時間을尺度로하고서、空間을測定하얐다고도말할수잇다、光의時速을 一〇八〇〇億米突이라고하고、空間의直徑을通過하는데N時間을要하얐다고함연 時間의長은N時間이고、空間의大는 一〇八〇〇億米突의 N倍일것이다、글으한대、一時間과一〇八〇〇億米突과는時空의固有性만을볼때의 相違에不過한것이오、時空의融合現象에잇어서는、그微子의數가서로같을것임으로 結局一時間과一〇八〇〇億米突과는、그長이서로같다고말할수잇다、닭아서 時間의長과空間의大는서로같을것이다。

第二、音의質量

몯은存在物—萬有—은質量兩面이잇고 質量은時空과같히 相互依存性이잇다、곧質잇는곧에量이잇고、量잇는곧에質이잇음여、質없는곧에量이없고、量없는곧에 質이없음으로、非實在的存在의兩面이時空임과같히 實在的存在物의兩面이質量이다、까닭에、存在物이質量이오、質量이存在인同時에、質量은恒常、時空과의 密接한關係를갖고잇다。

音이時空안에잇는存在物의하나임으로、質量兩面이잇다 音의長短은量的方面이오、그强弱과高低는質的方面이다글으한아、存在物의質量兩面의分立은 觀念에글일뿐임으로、實在音에잇어서、그質과量과를個別的으로는들을수없나、우리의聽覺에옲이는 몯은實在音은質量이兼備한音인대音量의多少는 振動의時間의長短에잇고、音質의强弱은振幅의廣狹에잇고、音質의高低는振度의遲速에잇다。

第三、純然한物理的現象으로서의聲音

聲音은物理的現象인 音의一種이다、神秘的作用에依함이안이다、聲音의長短과强弱과高低와는 全혀聲帶의物理的原則에依하야닐어나는것이오、聲音의音種別도몸오목과닙과、코의形狀과作用에依한物理的現象으로서、닐어나는것이다、닐으함으로나는 聲音에언의程度의神秘性을賦與함으로써 成立된從來의聲音學의非科學的임을高唱한다。

第四、朝鮮語音과朝鮮文字母와의特殊點

1 朝鮮語音의合理性

語音에長短이닜음은 몯은말의共通的事實인아、强弱과高低가物理的原則에依하야、分明하게區別되는語音으로서는、朝鮮語音이 第一位를占할것갈다、例하건데 「ㅁ、ㅂ、ㅍ」에强度의差異가닜고 「ㅂ、ㅃ」에高度의差異가닜다。

强度(振幅)
- 弱　音……………ㅇㅁㆁㄴㅅ
- 中强音……………ㅎㅂㄱㄷㅈㄹ
- 强　音……………ㅎㅍㅋㅌㅊ

高度(振速)
- 低　音……………ㅂㄱㄷㅈㄹ
- 高　音……………ㅃㄲㄸㅉᄙ

곧强度로볼때에는 「ㅁ」은弱音이오 「ㅂ」은中强音이오 「ㅍ」은强音임여、高度로볼때에는

「ㅂ」은低音이오「ㅃ」은高音이다 弱音과强音으로써高音을發하지못하는一般音의原則에依하야、朝鮮語音이大體로中强音에서 高音이넏어나았다「ㅅ」은弱音列에났은아、舌齒音임으로달은弱音보다는多少强하야서、그高音「ㅆ」을發하게된것이다、訓民正音과 龍飛御天歌에낱아나는高音「ㆀㆅㅥ」들이났은아「ㆀㄲ」은弱音의高音이오、「ㆅ」은强音의高音임으로그發音이不自然하고、難澁한까닭에 現代語音에는그와같은高音이없어지였다、事實그때이라할지라도「ㆀㆅㄲ」들의우리語音이 獨立的으로存在한것이안이라、音理를알지못함에基因한一時的誤記이다、假令「다ᄂᆞ니라」는「닿ᄂᆞ니라」고쓸것같음연、發音과記寫가 一致할것인아「다」의終聲이「ㅎ」임을알지못한까닭에「ᄂᆞ니라」를「ᄂᆞ니라」로씀에 不過한것이다、朝鮮語音의强弱과高低와의 分明한區別이났음에不拘하고、正音이不幸히古代支那의語音上規範(强弱과高低를淸濁으로써 論하는非科學的語音上規範)의틀에옮이어놓게되었음으로、訓民正音「自體가病들어버리였음여、너같은잘못된出發에 닭아서、한글運動以來의並書雙書의問題가생기고、現在의朝鮮語學會와 朝鮮語學研究會와의兩立을보게된것이다。그音의音質이 언드한것임을알지도못하고、漠然한생각으로 淸音인이濁音인이짝거거듭소리인이、된소리인이硬音인이、激音인이、平音인이、間音인이、特別音인이한아、그實 物理的原則으로보아、언드한區別이났음을알고서하는말인가? 「ㅎㅍㅋㅌ大」들은次淸音도안이오、激音도안이오聲帶의振幅이넓은强音임여「ㅃㄲㄸㅉ」들은 全濁音도안이오、짝거듭소리도안이오、된소리도안이오、硬音도안이오、聲帶의振速이빨은高音임여「ㅇㅁㆁㄴㅅ」들은(ㅅ은廣韻과集韻에는全淸이라하얐고、韻會에는 次淸次音이라하얐음) 不淸不濁音도안이오、平音도안이오、聲帶의振幅이가장좁은弱音임여、「ㆆㅂㄱㄷㅈㄹ」들은 (ㄹ은廣韻以來不淸不濁이라하얐음) 全淸音도안이오、平音도안이오、聲帶의振幅이强音과갈히넓지도아니하고、弱音과갈히 좁지도아니한中强音이다、朝鮮文字의出發處인訓民正音에欠陷이났음으로、著者는 創造的考究에立脚하야、朝鮮文字의再出發를高唱하는바이다。

2 朝鮮文字母의合理性

朝鮮文의字母는 朝鮮語音을前提로하고、그것에適合하도록만들었음으로、强弱과高低를如實히표할수났고、그字形까지도合理的으로되었음에不拘하고、語音의物理的原則에依함을옳았든까닭에、韻會의틀에옮이어놓아서、强弱音의順序가 整然하지못하고 (ㄴㄷㅌ을ㄷㅌㄴ으로排列함과갈음) 또高音의記寫法에誤謬가낱 아나다 (히여、다ᄔ、니라、치혀、ᄡ用、ᅟ書、ᄯᆞ롬耳、들과갈음) 너칫은朝鮮文字의出發에났어서의外來의誤謬에因한自體의蹂躪이었다。

朝鮮文字는音質을표하는字母와音量을표하는字母가 劃然히分立되어났는것이큰長點이다。

字母
- 質音
  - ㅇㆆㅎㅁㅂㅃㅍㆁㄱㄲㅋㄴㄷㄸ
  - ㅌㅅㅆㅈㅉㅊㄹᄙ
- 量音
  - ㅡㅏㅗㅓㅜㅣㅘㅝㅑㅛㅕㅠᆄᆑ
  - ㅓㅐㅘㅔㅟㅙㅞㅒㅚㅖᆔᆇᆒ

字母가質音과量音과로分立되는것이 表音文字의理想임으로、朝鮮文의字母의世界的價値를 말할수났다、 假名이表音文字의하나인아、「ン」以外의四十七字가、 몯오質量을兼備한實在音을표하는字이오、 字母가안임여、「ン」 만이質音과갈게되어서、 音終에붙일뿐이다、 또世界에서가장많히쓰이는羅馬字를봄연、 그母音 (vowel)는 量音으로도쓰이고 實在音으로도 쓰임여 그子音 (consonont)은 質音으로도쓰이고、 實在音으로도쓰인다。

- 羅馬字
  - 母音
    - 量　音 grammar (그램마) ring (링)
    - 實在音 album (앨범) imprint (임프린트)
  - 子音
    - 質　音 simple (씸플) paramount (패러마운트)
    - 實在音 smile (스마일) prinsiple (프린서플)

羅馬字의母音의實在音으로 쓰일때를봄연、 量音과質音「ㅇ」와로써빌욶은소리임으로 弱喉音의虛强함연서도、 基源質音的地位에났음이들어나고、그子音의實在音으로쓰일때를봄연、質音과量音「ㅡ」와로써、 닐욶은소리임으로 無性單量音「ㅡ」의量音的特性의缺如함이들어난다、 朝鮮文의字母에比하야 遜色올免할수없는字母인羅馬字를使用하는歐米人이、 朝鮮人의先進임으로 羅馬字를標準한歐米人의表音文字에對한말을、 何等의吟味와咀嚼이없히그대로、 朝鮮文字에適用하야오았다、 니것은朝鮮文字의出發以後에났어서의外來의缺陷에因한 自體의長點의蹂躪이다。

著者는本附錄에서말하는體系的觀察과創造的考究로써 先進과文獻을盲從하지아니하고、科學的基盤上에서、朝鮮文의再出發을力說하는바이다、朝鮮文의再出發은 朝鮮文의再製를意味하는것이안임은말할것있건이와、그再出發을식히는 具體的手段이至極히容易하다、곧外來의誤謬(古代支那의非科學的語音上規範)와缺陷(現代歐米人의音標文字에對한誤解)에因한自體의長點의蹂躪을벗어나아서、科學的考究의態度로써 朝鮮文字에當하는것인대、本書는實로니와같은觀點에서始終을一貫하는바 그生命이났다。

第五、結　論

著者는以上에서말한바와같히、體系的科學的考究와自主的創造的精神으로써 古東(支那)今西(歐米)의外來的羈絆을벗어나는 朝鮮文字의再出發을唱道함에났어서、 著者의學說根據의體系를一覽할수났는 表를만듦으로써、 말을맺는다。

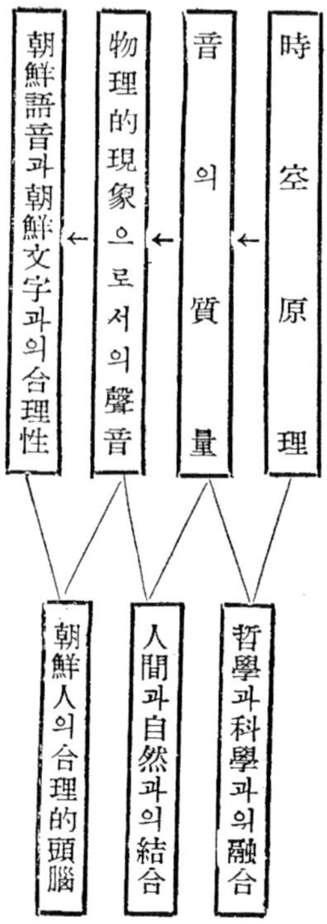
時　空　原　理
音　의　質　量
物理的現象으로서의聲音
朝鮮語音과朝鮮文字과의合理性
哲學과科學과의融合
人間과自然과의結合
朝鮮人의合理的頭腦

質音의名

質音	ㅇ	ㆆ	ㆅ	ㅁ	ㅂ	ㅃ	ㅍ	ㆁ	ㄱ	ㄲ	ㅋ
訓民正音	欲	挹	虛	彌	彆	步	漂	業	君	虯	快
訓蒙字會	伊	／	屎	眉音	非邑	／	皮	異凝	其役	／	箕
말의소리	／	／	흐	므	브	쁘	프	ᅌᅳ	그	끄	크
조선말본	／	／	히읗	미음	비읍	삐읇	퍼읖	아응	기윽	끼윾	키읔
統一案	／	／	히읗	미음	비읍	쌍비읍	피읖	이응	기역	쌍기역	키읔
本書	응	ᅙᅳᇹ	흫	믐	븝	쁘ퟦ	픞	ᅌᅳᇰ	극	끆	킄

稱對照表

ㅿ	ᄙ	ㄹ	ㅊ	ㅉ	ㅈ	ㅆ	ㅅ	ㅌ	ㄸ	ㄷ	ㄴ
穰	/	閭	侵	慈	即	邪	戌	呑	覃	斗	那
而	/	梨乙	齒	/	之	/	時衣	治	/	池末	尼隱
/	/	르	츠	쯔	즈	쓰	스	트	뜨	드	느
/	/	리을	치읓	찌읒	자읒	씨읐	시읏	티읕	띠읃	디읃	니은
/	/	리을	치읓	쌍지읒	지읒	쌍시옷	시옷	티읕	쌍디읃	디읃	니은
/	ᄙᅳᄙ	를	츷	쯨	즞	씄	슷	틑	뜯	듣	는

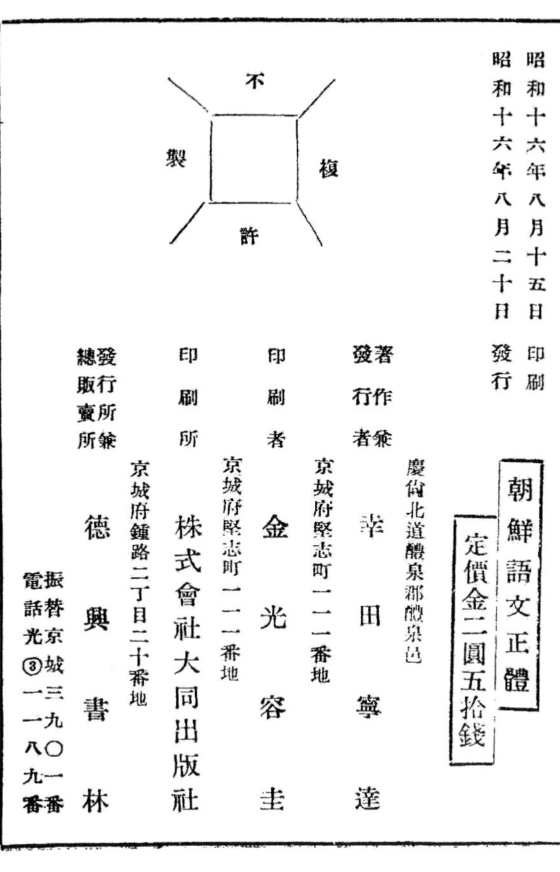

昭和十六年八月十五日印刷

昭和十六年八月二十日發行

朝鮮語文正體

定價金二圓五拾錢

不許複製

著作兼發行者　慶尙北道醴泉郡醴泉邑　幸田寧達

京城府堅志町一一一番地

印刷者　金光容圭

京城府堅志町一一一番地

印刷所　株式會社大同出版社

京城府鍾路二丁目二十番地

發行所兼總販賣所　德興書林

振替京城三九〇一番

電話光③一一八九番

조선어문정체

인쇄일: 2025년 3월 15일
발행일: 2025년 3월 30일
지은이: 권영달
발행인: 윤영수
발행처: 한국학자료원
서울시 구로구 개봉본동 170-30
전화: 02-3159-8050 팩스: 02-3159-8051
문의: 010-4799-9729
등록번호: 제312-1999-074호

정가 150,000원